부모가 묻고 전문가가 답하는

언어치료 Q&A

박현주 · 양수빈 · 임명순 · 정사영 공저

학지사

저자 서문

아동 언어치료 과정에서 가장 중요한 사람을 꼽으라면 저는 망설임 없이 "부모님"이라고 말합니다. 부모가 자녀의 언어발달에 미치는 영향은 매우 큽니다. 더욱이 언어발달이 늦는 아동의 경우에는 부모의 영향력이 절대적입니다. 그래서 우리는 언어치료 과정에 부모를 참여시키고 역량을 강화하기 위해 끊임없이 노력해 왔습니다. '부모가 자녀의 언어 문제를 발견하게 되면 최대한 빨리 자연스러운 환경에서 자녀와 함께 상호작용을 하도록 격려하는 것'은 언어치료의 효과를 높일 수 있는 가장 기본적인 원칙이기도 합니다.

요즘 언어발달과 언어치료에 관한 정보 접근성이 눈에 띄게 좋아졌습니다. 하지만 정보의 홍수 속에서 부모는 정작 무엇을 보아야 할지, 어떤 것을 믿어야 할지, 이것이 과연 내 아이에게 맞는 것인지, 구체적으로 어떻게 해야 할지 좀처럼 확신이 서지 않습니다. 그래서 믿을 수 있으면서도 실제 도움이 되는 정보에 대한 요구가 큽니다. 저희는 부모님들의 이러한 요구를 파악하고 논의하는 과정에서 책을 구상하게 되었습니다. 그러면서도 정보 검색의 선호도가 도서에서 동영상으로 변화된 지금 책이 의미가 있을지 고민했습니다. 최종적으로 책을 출간하기로 마음을 먹게 된 가장 큰 이유는 지금 언어치료실을 찾아오는 부모님들의 질문과 제가 언어치료를 시작했던 30년 전 부모님들로부터 받았던 질문이 거의 같다는 점이었습니다. 많은 부모가 자녀의 언어 문제를 발견하고 자녀를 위한 방법을 찾는 과정에서, 더 구체적으로는 언어 평가와 치료를 받는 과정에서 똑같이 비슷한 질문을 하고 답을 얻고자 애를 쓰는 상황입니다. 그래서 이러한 상황을 안타깝게 지켜만 보기보다, 난해하지 않고 실용적인 책을 통해 부모님들을 돕는 게 낫겠다는 마음이 커졌습니다. 더욱이 자녀가 언어 문제로 치료를 받을 때 가장 중요한 두 사람, 즉 부모와 언어치료를 제공하는 전문가가 서로 묻고 답하는 형식이면 좋겠다는 생각이 들었습니다. 그래서 『부모가 묻고 전문가가 답하는 언어치료 Q&A』를 마련하게 되었습니다.

이 책을 준비하는 과정에서 저희는 무엇보다 부모님들의 눈높이를 고려하고자 했습니다. 학문적으로 치우치는 걸 피하고 어렵지 않아야 하며, 재미도 있으면서 내용도 충실하고, 언어치료의 구체적인 방법과 전략을 제공하면서도 두껍지 않은 책을 만들고 싶었습니다. 그래서 가장 먼저 한 일이 현장에 있는 1급과 2급 언어재활사 자격증을 지닌 언어치료 전문가 200여 명에게 연락을 취해 부모들이 가장 많이 하는 질문을 최대한 적어 달라고 요청했습니다. 이러한 요청에 응하여 현장에서 일하는 언어치료 전문가들이 120여 개의 '부모 질문'을 보내 왔습니다. 여기에 저희가 소속된 가천대학교 통합발달심리센터에서 언어치료를 받고 있는 아동의 부모님들로부터 취합한 질문 40여 개를 더해 최종적으로 160여 개의 질문을 빈도순으로 요약·정리하였습니다. 그 결과 많은 질문이 유사했습니다. 그래서 유사한 질문을 다시 묶어 고빈도 순으로 정리한 후 그에 따라 모두 7개의 Part로 내용을 구성하였습니다. 빈도가 높은 한글 교육 관련 질문은 Part 1에, 빈도가 낮은 기타 영역에 관한 질문은 Part 6에 실었습니다. 그리고 언어치료에 대한 이해를 돕기 위해 서론을 마련하여 부모님들의 질문 외에 언어치료의 정의와 영역 등의 내용을 추가하였습니다.

마지막으로 부록에는 저희가 오랫동안 언어치료 전문가로 활동하면서 읽거나 본 책과 영화 중에서 부모님들에게 추천하고 싶은 것을 수록하였습니다.

이 책을 읽는 독자는 일부 질문에 대한 답이 조금 비슷하다고 느끼실 수 있습니다. 그 이유는 저희가 개별 질문을 받았을 때 어떻게 답하는 게 좋을지를 생각하면서 각각의 질문에 적절한 답을 하고자 했기 때문임을 밝힙니다. 『언어치료 Q&A』는 언어치료 분야의 방대한 내용을 담고자 하지 않았습니다. 부모님들의 반복적인 질문에 답하고자 하였고 빈도 높은 질문에 초점을 맞추었습니다. 정보가 너무 적어도 안 되고 정보가 너무 많아 전문적으로 흐르면 이해하기가 어려울 수 있기에 부모님들의 눈높이에 맞추고자 부모님들의 질문에 주로 의존한 감이 있습니다. 조금 부족하더라도 계속 보완해 나갈 예정이오니 너그러운 마음으로 양해해 주시기를 부탁드립니다.

이 책은 자녀의 언어 문제로 힘들어하는 부모님들을 위해 쓰였으나 이외에도 언어치료 분야가 어떤 것인지 알고 싶은 분들, 유치원 교사나 특수교사 또는 언어치료를 공부하고 있는 학생들, 경험이 많지 않은 초보 언어치료 전문가들에게도 도움이 될 것입니다. 또한 '의사소통장애상담'과 '부모교육'과 같은 과목의 부교재나 참고자료로도 사용할 수 있을 것입니다. 이 책을 읽는 모든 분께 조금이나마 도움이 되길 바라 마지않습니다.

이 글을 빌려 고마움을 전하고 싶은 분들이 있습니다. 가장 먼저 부모님들이 떠오릅니다. 부모의 협조 없이는, 부모의 역할 없이는 아동의 언어발달이 촉진될 수 없기에 저희는 늘 부모님들께 의지하곤 합니다. 저희에게 가장 큰 힘이 되는 것은 '아이들이 좋아지는 것' 그리고 '함께하는 부모님들'입니다. 자녀를 위해 최선을 다하시는 부모님들, 다시 한번 감사드립니다. 다음으로 언어치료 전문가들이 떠오릅니다. 치료 현장에서 열심히 본분을 다하고 계신 선생님들 고맙습니다. 특히 저의 요청에 자기 일처럼 나서 도와주신 선생님들께 감사의 마음을 전합니다. 마지막으로 한결같이 언어치료 분야를 아껴 주시고 물심양면으로 지원해 주신 학지사 김진환 사장님, 진심으로 깊은 감사를 드립니다. 그리고 긴 시간 꼼꼼한 편집으로 좋은 책이 나올 수 있도록 성심으로 도와주신 김서영 편집자님 고맙습니다.

가천대 교정에서

박현주

차례

서론

언어치료란

1. 언어치료의 정의 및 치료 영역

1) 언어치료의 정의

언어치료는 말하기, 듣기, 읽기, 쓰기와 같은 언어능력 및 의사소통 기술에 문제가 있는 아동 및 성인을 대상으로 개별적인 평가를 통해 언어장애의 원인을 파악하고, 그에 맞는 적절한 치료를 제공하여 언어능력과 의사소통 기술을 향상시키는 재활치료입니다.

2) 언어치료의 영역

언어발달장애	말소리장애	유창성장애
음성장애	신경언어장애	청각장애

3) 언어치료의 목적

언어치료의 목적은 의사소통 능력을 증진하여 효과적이고 효율적인 의사소통자(communicator)의 역할을 수행하도록 하는 데 있습니다. 의사소통 능력(communicative competence)은 자신이 속한 언어공동체 내에서 성공적으로 의사소통하기 위해 지녀야 할 언어적 지식과 내재적 인식을 말합니다(Justice & Redle, 2013). 의사소통 능력을 지닌 사람은 다양한 상황에서 가장 효과적으로 의사소통할 방법을 찾을 수 있습니다. 구어 의사소통을 예로 들면, 의사소통 능력을 지닌 사람은 대화 상대에 맞춰 낱말, 문장 구조, 말 속도, 목소리 톤, 제스처, 표정 등을 적절히 조정합니다.

의사소통 능력은 크게 언어능력과 화용능력의 두 가지 측면으로 나눌 수 있습니다([그림 1] 참고). 언어능력에는 음소의 인식과 산출에 관련된 음운 능력, 구문 구조의 인식과 산출에 관련된 문법능력, 단어의 이해와 산출에 관련된 어휘능력, 이야기의 이해와 산출에 관련된 담화능력 등이 포함됩니다(Justice & Redle, 2013). 화용능력에는 다양한 언어 기능을 이해하고 사용하는 기능적 능력, 사회적으로 또한 문화적으로 수용되는 방식으로 언어를 사용하고 대화에 참여하는 사회언어적 능력과 사회관계적 능력이 포함됩니다(Beukelman & Light, 2020; Justice & Redle, 2013). 따라서 아동의 의사소통 능력을 증진하려면 언어능력과 화용능력 양 측면에 대한 체계적인 개입이 필요합니다.

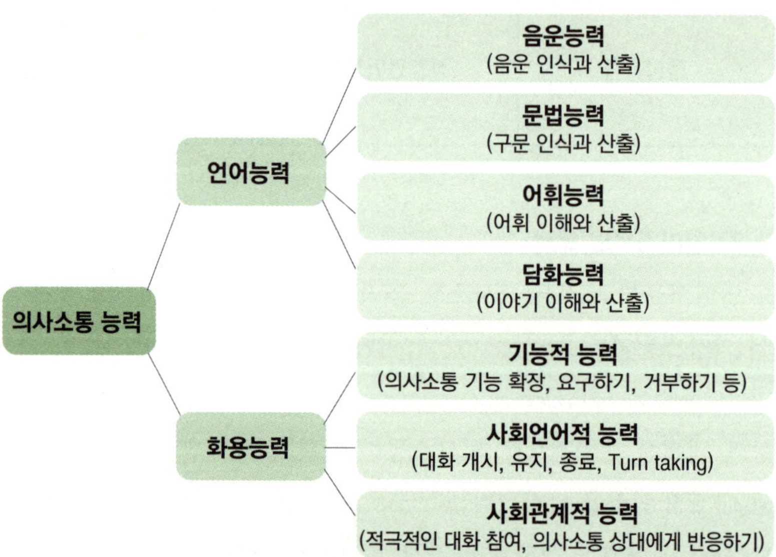

그림 1 의사소통 능력

출처: Beukelman & Light(2020), Justice & Redle(2013).

2. 언어치료 대상

1) 언어발달이 느린 아동 및 청소년
2) 부정확한 발음으로 의사소통이 어려운 아동 및 청소년
3) 말을 더듬거나 말 속도가 지나치게 빠른 것과 같이 유창성에 문제가 있는 아동, 청소년 및 성인
4) 발성기관의 기능 또는 기질적 요인으로 음성에 문제가 있는 아동, 청소년 및 성인
5) 뇌 손상으로 인해 말과 언어에 문제를 보이는 아동, 청소년 및 성인
6) 주의력결핍과잉행동장애(ADHD), 자폐스펙트럼장애 및 기타 발달장애를 지닌 아동, 청소년 및 성인
7) 읽기 및 쓰기에 어려움으로 글자를 통한 의사소통이 어려운 아동, 청소년 및 성인
8) 청력손실로 인해 언어 문제를 동반한 아동, 청소년 및 성인
9) 말과 언어에 문제를 보이는 다문화 가정의 아동 및 청소년

3. 언어평가 영역

언어평가는 치료 대상자의 말, 언어, 의사소통 능력 등을 파악하는 과정입니다. 다양한 표준화 검사와 발달척도, 비공식검사, 행동관찰, 면담 등을 통해 포괄적인 평가를 수행하게 됩니다(〈표 1〉, [그림 2] 참고). 평가 결과를 기반으로 대상자가 지닌 특성(강점·약점)에 맞게 치료의 방향을 결정하게 됩니다.

표 1 언어 및 의사소통 능력 평가 영역 및 검사 종류

평가 영역	검사 종류
언어발달 평가	• 한국판 의사소통 및 상징행동 발달 검사(K-CSBS DP) • 언어기반 AAC 평가 프로토콜(LAAC-A) • 영유아언어발달검사(SELSI) • 영유아 언어 및 의사소통 발달 선별검사(K-SNAP) • 한국판 맥아더 베이츠 의사소통 발달 평가(K M-B CDI) • 수용표현어휘력검사(REVT) • 취학전 아동의 수용언어 및 표현언어 발달 척도(PRES) • 언어문제해결력검사(TOPS) • 학령기아동 언어검사(LSSC) • 한국어 읽기검사(KOLRA) • 한국어 이야기 평가(KONA) • 기초학습 수행평가체제: 읽기검사 및 쓰기검사(BASA) • 한국 아동 메타-화용언어 검사(KOPLAC) • 한국판 핵심언어 임상평가(K-CELF-5) • 은유 · 추론 이해력검사(MARC) • 아동 간편 읽기 및 쓰기 발달 검사(QRW) • 읽기진단평가(RDA)
말소리(조음) 평가	• 우리말 조음 · 음운 평가(U-TAP/U-TAP2) • 우리말 낱말 표현 검사(UW-SET) • 아동용 발음평가(APAC) • 한국어 표준 그림 조음음운 검사(KS-PAPT) • 조음기관 구조 · 기능 선별검사(SMST) • 조음기관 구조 · 기능 선별검사-아동용(SMST-C)
유창성 평가	• 파라다이스 유창성 검사(P-FA-Ⅱ) • 한국 아동 말더듬 검사(KOCS)
실어증 평가	• 실어증-신경언어장애 선별검사(STAND) • 한국판 프렌차이 실어증 선별검사(K-FAST) • 한국판 웨스턴 실어증 검사(K-WAB) • 한국판 보스턴 이름대기 검사(K-BNT)

4. 치료프로그램

1) 개별 언어치료

2) 그룹 언어치료

3) 부모 교육 및 상담

SELSI

K-SNAP

PRES

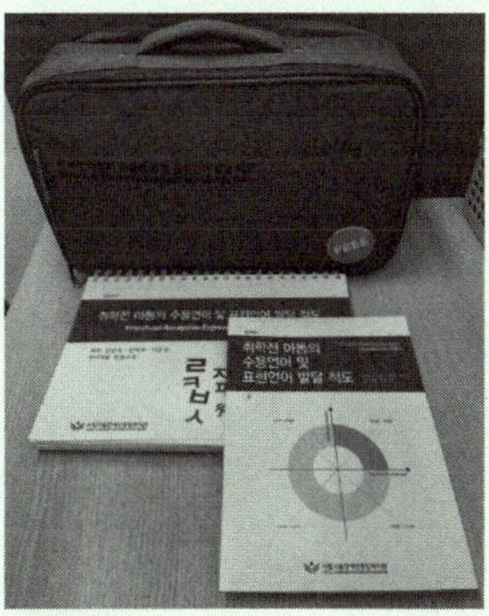

LSSC

언어문제해결력검사

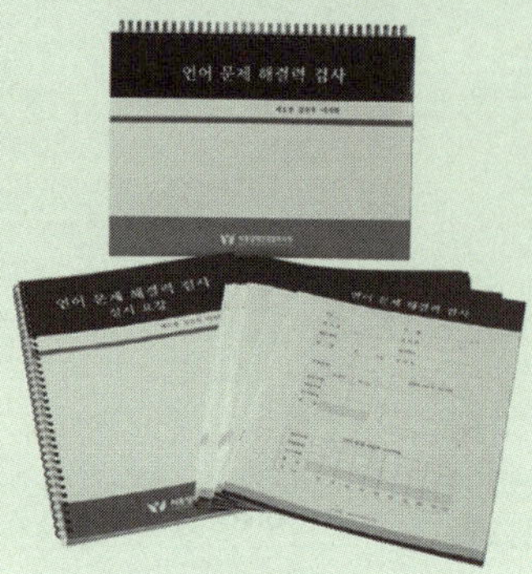

구문의미이해력검사

REVT

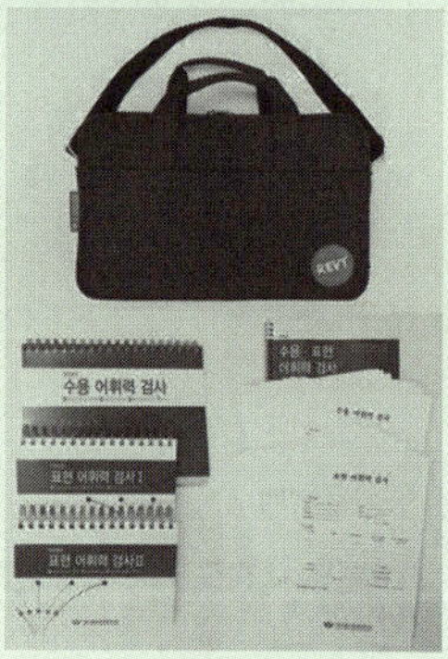

KOPLAC

APAC

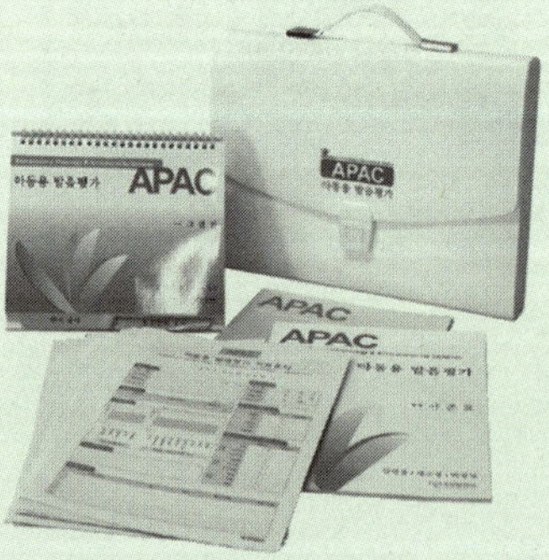

UTAP2

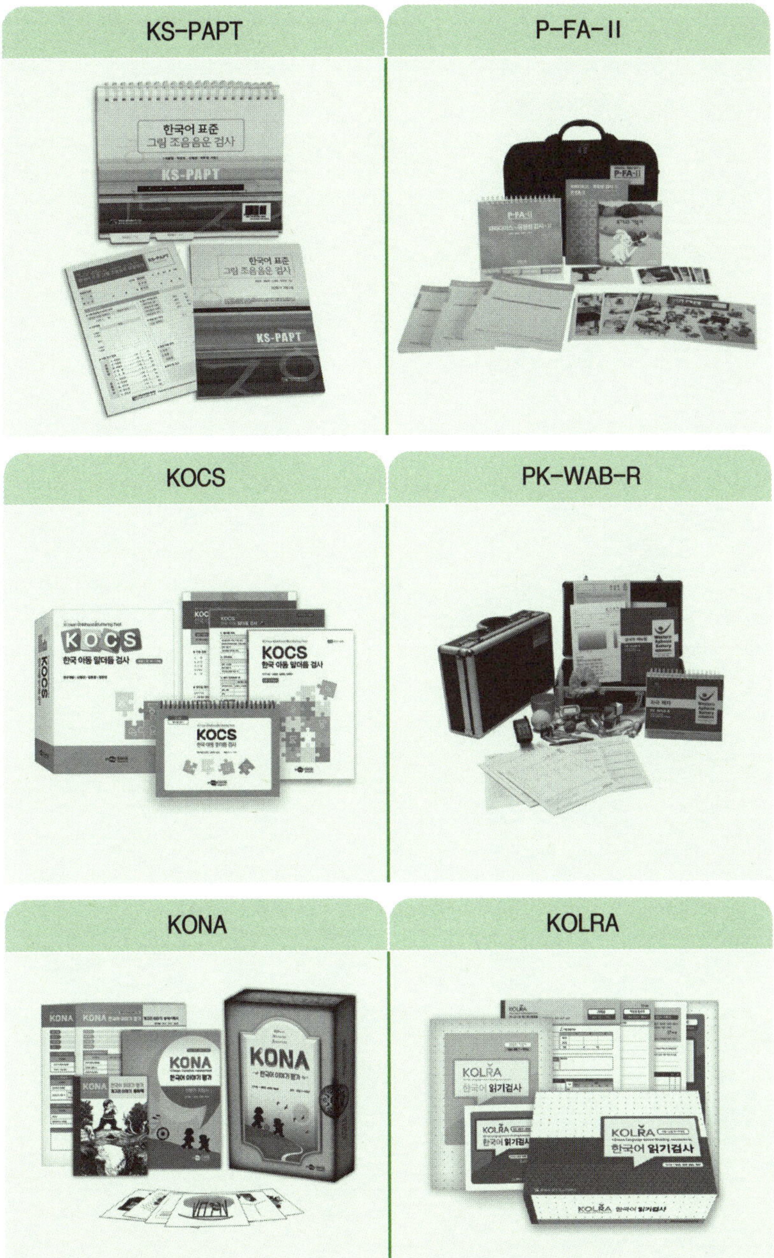

그림 2 언어 및 의사소통 능력 평가를 위한 공식 검사의 예

PART 1
언어발달 관련

행복의 한쪽 문이 닫히면 다른 한쪽 문이 열린다.
흔히 우리는 그 닫힌 문을 오랫동안 바라보기 때문에
우리를 위해 열려 있는 다른 문을 보지 못 한다.

– 헬렌 켈러

Q01 한글 교육 방법 선택: 통낱말 vs 낱글자

한글을 배울 때 자음, 모음 순서로 가르치는 것이 좋은가요? 그냥 통낱말로 가르치는 것이 좋은가요?

A 한글을 가르칠 때는 아동의 발달 속도에 따라 다른 접근 방법을 사용하는 것이 좋습니다. 발달이 빠른 아동의 경우, 낱글자를 먼저 가르치는 것이 효과적이고 발달이 느린 아동은 통낱말부터 시작하는 것이 좋습니다.

일반적으로 한글을 가르치는 방법은 크게 자음·모음의 낱글자 중심 읽기 방법과 통낱말 읽기 방법이 있습니다. 한글을 지도할 때 고려해야 할 점은 **아동의 관심과 발달 속도를 파악하여 지도하는 것**입니다.

발달이 빠른 아동의 경우	자음과 모음의 낱글자 중심 지도
발달이 느린 아동의 경우	통낱말 중심 지도

유아의 한글 읽기에서 통낱말과 낱글자 지도 효과를 비교한 연구(박시연, 2015)에 의하면, 일반적으로 **통낱말보다 낱글자 지도 방법이**

더 효과적이라고 합니다. 하지만 발달 속도가 느리거나 어린 유아의 경우 대부분 자음과 모음이 합쳐져 소리가 나는 음운 법칙을 이해하기 어려워합니다. 따라서 아동이 처음 한글을 배울 때는 통낱말로 흥미를 유도하고([그림 3] 참고) 낱말이 익숙해지면 글자(자음·모음)와 소리의 원리를 가르치는 낱글자 읽기 방법을 사용해 가르쳐 주시기 바랍니다([그림 4] 참고).

발달이 느리거나 어린 유아의 한글 지도 방법

1단계: "재밌어요!" 흥미를 보이면 2단계로 넘어가 주시기 바랍니다.

그림 3 통낱말 지도 방법

2단계: 통낱말로 배운 낱말을 글자와 소리를 조합해 지도해 주시기 바랍니다.

ㅂ + ㅏ = 바

/브/ + /아/ = /바/

그림 4 낱글자 지도 방법

한글 학습을 위한 시지각 발달에 도움을 줄 수 있는 방법

한글 학습을 위해서는 시지각 발달이 기본적으로 필요합니다. 시지각 발달에 도움이 되는 활동으로는 줄긋기, 미로찾기, 퍼즐 맞추기, 메모리 게임, 숨은그림찾기, 숫자 순서대로 잇기([그림 5] 참고), 여러 가지 도형 따라 그리기, 같은 모양 찾기 등이 있습니다.

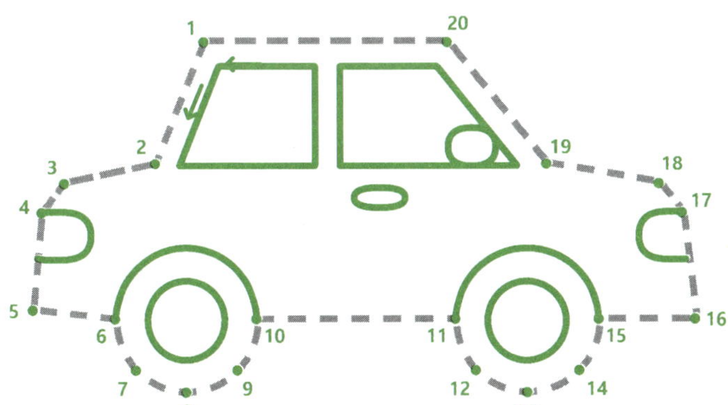

그림 5 숫자 순서대로 잇기

Q02 한글을 가르치는 두 가지 방법

많이 사용하는 통낱말은 조금 읽어요. 그런데 똑같은 글자인데도 '엄마'는 읽는데 '마늘'의 '마'는 못 읽어요. 어떻게 지도하면 좋은가요?

A **많이 본 낱말 '엄마'의 '마'는 읽는데 '마늘'의 '마'를 모른다는 것은 글자를 그림처럼 덩어리로 알고 있는 상태입니다. 이런 경우 통낱말로 충분히 글자를 익힌 다음 자음과 모음의 원리를 하나씩 천천히 가르쳐 보기를 권합니다.**

똑같은 글자인데 못 읽는 이유

자기 이름은 읽고 쓰는데 자기 이름에 들어간 글자가 다른 낱말에 나오면 똑같은 글자인데도 못 읽는 아동이 있습니다. 이는 글자를 하나의 그림이나 상형문자처럼 보고 통으로 외운다고 할 수 있습니다. 어떤 아동은 통낱말로 한글을 배워 읽고 쓰면서 자음과 모음의 원리를 스스로 깨우치기도 합니다. 지적 능력이 낮거나 음운 인식 또는 철자인식에 어려움이 있는 아동의 경우에는 Q01과 같이 통낱말로 충분히 글자를 익힌 다음 자음과 모음으로 하나씩 천천히 가르쳐 보기를 권합니다.

한글을 가르치는 두 가지 방법

한글을 통낱말로 가르치는 방법과 낱글자로 가르치는 방법 중 어느 것이 적절한지 이견이 존재합니다. 특히 장애가 심한 아동의 경우에는 어떤 방법을 사용할지 선택하기 쉽지 않습니다.

1 통낱말 익히기 글자를 통째로 받아들여 익히는 방법

정준희, 이보람, 박하영	엄마, 우유

2 낱글자 익히기 자음(ㄱ, ㄴ, ㄷ, ㄹ, …), 모음(ㅏ, ㅑ, ㅓ, ㅕ, …)의 음소를 결합하여 음절을 만들며 글자를 익히는 방법

음소 ㅈ, ㅏ, ㄷ, ㅗ, ㅇ, ㅊ, ㅏ	음절 자/동/차	낱말 자동차

ㅈ+ㅏ ㄷ+ㅗ+ㅇ ㅊ+ㅏ	자동차

통낱말로 가르치기와 낱글자로 가르치기

자음과 모음의 음가(기역, 니은, 디귿, 리을, …, 그, 느, 드, 르, …, 아, 야, 어, 여, …)를 기억하여 말하고 조합하여 익히는 과정을 싫어하거나 어려워하는 아동이 있다면, 통낱말로 글자를 익히게 하는 것이 좋습니다. 통낱말로 글자를 충분히 익힌 뒤에는 자음과 모음의 음가를 가르치고 낱글자의 결합과 분리를 가르치는 것이 한글 학습에 더 효과적입니다. 음소, 즉 자음과 모음 익히기를 잘 받아들인다면 낱글자로 한글을 가르치는 것이 더 바람직할 수 있습니다. 통낱말로 시작하더라도 결국에는 자음과 모음의 결합 원리를 정확히 알아야 글자를 능숙하게 읽고 쓸 수 있기 때문입니다.

Q03 특정 사물을 자기만의 표현으로 부르는 아이

아이가 특정 사물을 자신만의 언어로 만들어 부르는데 왜 그러는 걸까요? 정확하게 말하도록 교정해 줘야 하나요?

A 아동은 새로운 낱말을 학습할 때 자신만의 낱말로 사물에 특정 이름을 붙이는 경우가 있습니다. 포도를 '보보', 고구마를 '망곰', 요구르트는 '아이', 초콜릿을 '꼬꼬'라고 말하는 경우를 예로 들 수 있습니다. 이러한 예는 아동이 낱말을 습득해 가는 과정 중 하나입니다. 다양한 상황에서 사물의 이름을 듣고 충분히 발음하면서 스스로 수정할 수 있으니 여유를 갖고 기다려 주시기 바랍니다.

아동의 말을 자연스러운 상황에서 교정해 주시기 바랍니다.

말을 배우기 시작한 아동은 발음이나 표현이 정확하지 않을 수 있습니다. 문장의 구성이 바뀔 수 있으며, 엉뚱한 낱말을 사용할 수도 있습니다. 아동에게 정확한 낱말을 알려 주기 위해 틀린 말을 반복적으로 교정해 주는 경우가 있는데, 이러한 방법은 말하기와 새로운 낱말을 알아가는 즐거움을 감소시킬 수 있습니다. 이럴 땐 지적하기(예: 그거 아니야!, 그거 말고)에 그치지 말고 바른 표현이 무엇인지 알려 주시기 바랍니다. 예를 들어, 아동이 '물'을 '무'라고 표현했다면 "음, 우리 ○○이 목마르구나. 엄마가 물 줄게~ 물~"과 같이 말해 주시면, 아동이 자연스럽게 연습하고 수정할 수 있는 기회를 얻게 되어 시간이 지나면서 조금 더 정확한 표현을 할 수 있게 됩니다.

아동은 성인과 다른 방식으로 언어를 습득합니다

아동은 생후 12개월경 보통 서너 개의 낱말을 말하는 수준이 되며, 30개월에 이르면 대략 570개의 낱말을 사용할 수 있게 됩니다. 언어 습득은 생후 초기 5~6년 사이에 빠른 속도로 발달하게 되는데, 이때 새로운 낱말을 학습하기 위해 빠른 연결(fast mapping) 또는 초기 이름 대기(initial mapping) 전략을 사용하게 됩니다.

빠른 연결은 아동이 새로운 낱말을 듣고 짧은 시간 안에 그 낱말을 습득할 수 있는 능력을 말합니다. 아동은 낯선 낱말을 딱 한 번 듣고서도 그 낱말을 기억할 수 있습니다. 예를 하나 들어 보겠습니다. 과일 중에서 '배'는 알고 있지만 '사과'가 무엇인지 모르는 아동이 있습니다. 이 아동에게 엄마가 배와 사과를 가져와서 "배 먹을래? 사과 먹을래?"라고 물었을 때 아동은 처음 들어본 과일 이름이지만 사과를 먹겠다고 말할 수 있습니다. 아동은 엄마가 사과라는 낯선 과일 이름을 말할 때 빨간 과일이 사과임을 유추할 수 있습니다. '사과'는 자신이 알고 있는 '배'가 아니기 때문에 새로운 과일의 이름이 '사과'일 것임을 바로 생각해 냅니다. 이렇듯 빠른 연결은 아동이 수많은 어휘를 짧은 시간 안에 습득할 수 있는 유용한 전략 중 하나입니다. 물론 아동이 낯선 낱말을 한두 번 듣고 바로 말하거나 기억했다고 해서 일주일 뒤 또는 한 달 뒤 해당 낱말을 항상 떠올릴 수 있는 것은 아닙니다. 다시 '사과'를 예로 들면, 다음에 엄마가 사과를 깎아 줄 때 아동은 전에 한 번 듣고 말할 수 있었던 사과를 "과아"라고 말할 수도 있습니다. 엄마가 사과를 깎아 줄 때마다 "사과 먹자, 이거 사과야, 사과"와 같이 말해 준다면 아동은 엄마의 말을 듣고 사과의 모양, 냄새, 맛 등을 함께 기억하면서 '사과'라는 과일의 이름과 개념을 알게 되고, 이후부터는 "사과"라고 정확히 말할 수 있게 됩니다.

Q04 어휘력 향상에 책이 도움 될까

책을 읽어 주면 어휘력에 도움이 될까요?

A 책을 읽어 주는 활동은 아동의 어휘력 발달에 큰 도움이 됩니다. 이 과정에서 아동은 새로운 낱말을 듣고 그 의미를 배우면서 언어 이해력과 표현력을 기를 수 있습니다.

어휘력 발달을 촉진하기 위해서는 일상생활 속에서 다양한 어휘를 많이 들려주는 것이 좋습니다. 부모는 아동과 매일 이야기를 나누지만, 그러한 대화에서 사용하는 어휘는 제한적이고 반복적일 수 있습니다. 책 읽기는 아동이 다양한 어휘를 접할 수 있는 가장 유용한 방법 중 하나입니다. 성인과 아동이 함께 책을 읽는 활동은 아동이 흥미를 느낄 수 있는 그림과 글자가 함께 내용을 구성하므로 어휘력과 구문 능력, 대화 기술 등을 향상하는 데 크게 도움이 됩니다(이희영, 2016).

표 2 연령에 따른 추천 도서

연령	책 종류	추천도서
영아 및 유아	• 소리와 모양을 나타내는 말이 담긴 그림책 • 반복하는 말과 그림으로 리듬감을 느낄 수 있는 책 • 까꿍 놀이, 신체 놀이, 말놀이, 동요와 동시, 사물 그림책	• 달님 안녕/구두구두 걸어라 • 배고픈 애벌레/사과가 쿵! • 누가 내 머리에 똥 쌌어? • 수리수리 없어져라, 초록 괴물! • 갈색 곰아, 갈색 곰아, 무얼 보고 있니? • 야, 우리 기차에서 내려!
미취학	• 상상의 세계를 그린 이야기 그림책 • 주변 환경과 자연을 담은 그림책 • 정의로움과 용기를 심어주는 옛날 이야기책	• 이슬이의 첫 심부름 • 낮잠 자는 집 • 쏘피가 화나면-정말 정말 화나면/그런데 임금님이 꿈쩍도 안 해요
초등 저학년	• 모험과 판타지 세계를 그린 책 • 매력적인 주인공을 만날 수 있는 책 • 호기심과 상상력을 자극하는 책	• 구리와 구라의 빵 만들기 • 구름빵/감기책 • 행복한 우리 가족/당나귀를 팔러 간 아버지와 아들 • 골디락스와 곰 세 마리 • 호랑이는 꼬리가 길어, 길면 뱀이지/나다운 게 뭐야? • 나는 커서 어떤 일을 할까? • 궁금해요 비행기 여행 • 내가 원래 뭐였는지 알아?
초등 고학년	• 다양한 인물과 사건을 경험하는 책 • 흥미 있는 분야의 지식과 정보를 담은 책 • 예술적 감수성을 북돋우는 책 • 사회 문제에 대해 고민할 수 있는 책	• 너구리 판사 퐁퐁이 • 내가 뉴스를 만든다면? • 놀림에 대처하는 슬기로운 방법 • 간송미술관에는 어떤 보물이 있을까? • 갈릴레오 갈릴레이

출처: 국립 어린이 청소년 도서관(2024).

다음에 제시된 홈페이지 주소는 다양한 책을 검색할 수 있는 인터넷 사이트 목록입니다. 아동의 관심과 연령, 언어 수준에 맞는 책을 적절히 선택해 읽어 주는 것이 좋습니다.

- 어린이도서연구회(www.childbook.org)
- 그림책 박물관(www.picturebook-museum.com)
- 국립 어린이 청소년 도서관(https://www.nlcy.go.kr)

Q05 성인 남성만 보면 '아빠'라고 하는 아이

40개월인데 아저씨들을 보고 모두 '아빠'라고 불러요. 왜 그런 거죠?

A 아동은 어휘를 습득하는 과정에서 과잉확장이나 과잉축소를 해서 어휘를 사용하는 경우가 있습니다. 성인 남성들을 보고 '아빠'라고 하는 것은 언어발달 과정에서 나타나는 과잉확장의 예입니다. 과잉확장은 일반적으로 한 낱말 습득 후 대략 12개월에서 24개월 사이에 나타나는 현상입니다. 40개월인데 성인 남성들을 모두 '아빠'라고 부른다면 아동의 언어가 지연되었을 가능성이 있으므로 전문가의 진단을 받아 보는 것이 좋습니다.

과잉확장(overextention)은 낱말을 더 넓은 의미로 사용하는 것을 의미합니다. 모든 성인 여성을 "엄마"라고 부르는 것이 여기에 해당합니다. 이는 아동이 그 낱말의 정확한 의미를 이해하지 못했거나, 그 낱말의 의미가 자신이 알고 있는 어휘 중 유사한 다른 낱말이라고 유추하여 확장한 것입니다.

반면에 아동은 때때로 습득한 낱말을 그 낱말이 의미하는 것보다 좁은 범위로 축소해 사용합니다. 이를 과잉축소(underextention)라고 합니다. 딸기 사탕만을 "사탕"이라고 말하는 경우를 예로 들 수 있습니다. 이러한 현상은 어휘 습득이 증가하면서 자연스럽게 사라질 수 있습니다. 과잉확장과 과잉축소의 예는 〈표 3〉과 〈표 4〉, [그림 6]을 참고하시기 바랍니다.

표 3 과잉확장된 낱말의 예

지시대상	낱말
공, 풍선, 오렌지, 달걀, 단추, 둥근 돌멩이	공
작은 그릇, 소스 용기, 머그잔, 밥그릇	컵
버스, 트럭, 구급차, 봉고차	버스
음료수, 우유, 주스 등의 모든 액체	물
네 발이 있고 털이 있는 송아지, 강아지, 고양이	강아지
슬리퍼, 양말, 신발, 덧신	신발

표 4 과잉축소된 낱말의 예

지시대상	낱말
자기가 사용하는 컵만을 '컵'이라고 함	컵
초코칩 쿠키만 '과자'라고 함	과자
자신이 소유하고 있는 특정 책만 '책'이라고 함	책
집에서 키우는 강아지만 '강아지'라고 함	강아지
자기가 사용하는 숟가락만을 '숟가락'이라고 함	숟가락

그림 6 과잉확장과 과잉축소의 예

Q06 언어발달의 적신호

3세인데 또래보다 말이 느려요. 언어치료 꼭 받아야 할까요?

A 유아기 단계에서 언어발달이 느리다고 의심되는 경우, 먼저 청각 문제와 언어능력을 확인하는 것이 필요합니다. 특히 아동의 언어 표현과 언어 이해 수준을 비교하여 발달이 적합한지 알아보아야 합니다.

아동에게 언어장애가 있는지 살펴보시기 바랍니다

1 아동이 산출하는 말 살펴보기

언어발달이 지연된 아동은 옹알이 단계나 첫 낱말 수준에서부터 자음보다는 모음 위주로 낱말을 산출하거나 패턴도 단순한 경우가 많습니다. 또한 24개월까지 소리 내어 말하지 못하고 표현 어휘가 50개 미만이거나, 36개월이 넘도록 두 낱말을 조합해 문장을 말하지 못하는 경우를 예로 들 수 있습니다.

2 아동이 이해하고 있는 말 살펴보기

말도 늦고 이해하고 있는 어휘가 생활연령보다 현저히 낮다면 언어발달에 문제가 있다고 볼 수 있습니다.

3 상호작용 살펴보기

단순히 말이 느린 것뿐만 아니라 의사소통에 적극적이지 않거나 무관심한 경우에는 언어발달 지연을 의심해 볼 수 있습니다.

4 아동의 놀이 수준 살펴보기

놀이 수준이 획일적이고 또래보다 단순하다면 언어 지연일 가능성이 있습니다. 〈표 5〉에 제시된 상징놀이 발달 단계를 참고하여 놀이 수준을 살펴보시기 바랍니다.

표 5 상징놀이 발달 단계(김영태, 2014)

발달연령	상징놀이 단계	놀이 활동의 예
18개월 이전	• **단순 상징행동** 사물의 사용이나 의미를 이해하고 단순 상징놀이를 시작하는 단계	• 장난감 전화기를 집어 들거나 귀에 대기 • 빗을 머리카락에 가져다 대기 • 강아지 인형을 들고 "멍멍" 흉내 내기
18~19개월	• **단순 상징행동 조합** 한 가지 단순한 상징 행동을 둘이나 그 이상의 대상에게 반복하는 단계	• 빈 숟가락으로 먹을 것을 아기인형, 곰 인형, 엄마에게 주는 흉내 내기
18~24개월	• **복합 상징행동 조합** 두 가지 이상의 복합적인 상징행동이 나타나는 단계	• 숟가락으로 냄비를 젓고, 인형에게 먹인 후 설거지 하기

24~36 개월	• **물건 대치 상징행동** 관습적인 물건 대신 다른 물건으로 바꾸어 놀거나 상상으로 물건을 대치하여 사용하는 단계	• 블록을 전화기로 사용하거나 자동차로 사용하는 경우 • 생일 케이크에 촛불이 없는데 불을 끄는 행동하기
	• **대행자 놀이** 인형이나 사물로 다른 사람의 역할을 가장하는 놀이 단계	• 인형이 스스로 말하고, 머리 빗고, 웃는 것처럼 가장하기 • 의사 역할 인형이 다른 인형에게 주사 놓고 약 먹이는 행동하기
36개월 이후	• **사회적 역할놀이** 사회적 역할을 인식하는 놀이 단계	• 시장 놀이에서 주인 역할을 하는 인형과 손님 역할을 하는 인형이 상호작용하기

a.

b.

그림 7 상징놀이의 예(a: 단순 상징행동, b: 대행자 놀이)

언어 지연이 의심된다면 전문가의 정확한 진단을 받아 보는 것이 필요합니다

아동의 언어발달이 지연된 경우에는 전문가의 진단을 받아 보는 것이 중요합니다. 아직 어리다고 생각하여 무작정 말문이 트일 때까지 기다리기보다는 전문가를 찾아 무엇이 문제인지 정확한 원인을 파악하고 적절한 도움을 주는 것이 좋습니다. 예를 들어, 아동이 또래와 상호작용을 할 때, 자신이 원하는 것을 표현하는 데 있어 어휘력과 발음, 유창성 등이 부족하다면 친구 관계뿐 아니라 아동의 자존감 또한 낮아질 수 있기에 조기 개입이 중요합니다.

언어발달이 늦는 아동을 위한 조기 개입은 아무리 강조해도 지나치지 않습니다. 아동이 어릴수록 조기 개입이 더욱 중요합니다. 어린 아동의 발달 속도는 매우 빠릅니다. 그래서 3세 아동의 1개월은 10세 아동의 1개월과 그 의미가 다릅니다. 부모님들께서 자녀의 언어발달이 늦는 것 같다고 생각하거나 걱정이 된다면 분명히 그 이유가 있을 것입니다. 뭔가 문제가 있다고 느껴진다면 최대한 빨리 언어치료 전문가를 찾아가야 합니다. 언어치료 전문가는 내 아이의 언어발달이 또래보다 늦는지, 언어발달이 늦다면 그 이유가 무엇인지, 언어 수준은 과연 어느 정도인지, 언어 영역별 강점과 약점은 무엇인지 그리고 어떻게 도와야 하는지 등에 관한 구체적인 정보를 제공합니다. 내 아이의 문제로 밤잠을 설쳐가며 고민하지 마시고 언어치료 전문가를 찾아 도움을 받기 바랍니다.

Q07 화용언어 및 사회성 향상을 위한 그룹 치료

그룹 치료를 하면 아이의 화용이나 사회성이 좋아지나요?

A 그룹 치료를 하면 아동의 화용이나 사회성이 좋아질 수 있습니다.

그룹 치료는 2~6명 정도의 참여자를 대상으로 하며, 구성원 간의 상호작용과 사회적 의사소통 기술의 향상 등을 목표로 하는 치료 방법입니다. 그룹 내 상호작용을 통해 말 차례 주고받기 기술을 배우고, 주제 개시와 유지, 대화 종료 방법 등을 배울 수 있으며, 친구에게 인사하기, 관심 표현하기, 자신의 의견 주장하기 기술 등을 배울 수 있습니다.

그룹 치료의 효과

- 또래와 대화의 차례를 주고받는 기술이 향상됩니다.
- 또래와 대화하는 동안 대화 시작하기, 대화 주제 꺼내기, 대화 상대의 표정 살피기 등의 기술이 좋아질 수 있습니다.
- 주제를 운용하는 능력이 향상될 수 있습니다.
- 대화에서 기본이 되는 상대의 감정과 마음 읽기, 화자와 청자의 역할 나누기, 경청하기, 명료화 요구하기, 반응하기, 설명하기, 질문하기, 대답하기 등의 대화 기술이 좋아질 수 있습니다.
- 또래와의 갈등 상황을 해결하는 경험을 통해 학교생활에 도움이

될 수 있습니다.

그룹 치료 시 주의해야 할 사항

사회성이 부족한 아동은 처음부터 3명 이상의 그룹 치료를 받는 것이 부담될 수 있습니다. 처음에는 2명의 짝 치료로 시작해서 그룹 구성원의 수를 늘려 가는 방법이 좋습니다.

그룹 치료는 사회성 증진을 목표로 하기에 개별 아동의 어휘나 발음, 언어능력 증진 등에 대한 집중적인 치료는 진행하지 않습니다. 따라서 개별 아동의 언어발달을 위해서는 그룹 치료와 개별 치료를 병행하는 것이 좋습니다.

짝 치료나 그룹 치료에서는 그룹을 구성할 때 다음과 같은 요소를 고려하게 됩니다.

- 생활연령이 비슷한 아동
- 언어발달 수준이 비슷한 아동
- 언어장애 유형이 비슷한 아동
- 좋아하는 놀이 또는 취미가 비슷한 아동

Q08 또래 관계에서 말 차례 주고받기 기술

또래 관계에서 필요 이상의 정보를 말하고 자기 말만 계속해서 하니까 친구들과 멀어지게 되는데 어떻게 해야 하나요?

A 필요 이상의 정보를 말하거나 자신의 이야기만 계속해서 말하는 아동은 사회적 의사소통 기술이 부족할 수 있습니다. 사회적 의사소통 기술의 부족은 또래 관계를 형성하고 유지하는 데 부정적 영향을 미칠 수 있습니다. 이런 경우에는 아동이 친구들과 대화할 때 말 차례를 적절히 주고받을 수 있도록 돕는 것이 중요합니다. 말 차례 주고받기는 단순히 대화의 흐름을 조절하는 것을 넘어 친구의 말을 경청하고 존중하는 태도를 함께 길러주기에 아동의 또래 관계를 원만하게 만드는 데 도움이 됩니다.

다른 사람과 의사소통할 때 말이 한 문장 이상으로 길어지는 경우 이를 담화라고 합니다. 담화는 둘 또는 그 이상의 사람들과 이야기를 주고받는 것으로 흔히 '대화'라고 합니다(Hoff, 2013). 아동은 다양한 상황을 경험하면서 자연스럽게 타인과 소통하는 대화 능력을 습득하게 됩니다. 하지만 언어발달이 느리거나 심리적, 정서적 또는 기질적 요인으로 대화 능력을 습득하는 데 어려움을 겪는 아동이 있습니다. 대화 능력은 또래와 관계 형성을 위한 사회적 기술과 밀접한 관련이 있기에 다음과 같은 대화 규칙이 필요합니다.

말 차례 주고받기(turn-taking) - 주제 운용 능력이 필요합니다

- 말 차례는 말하는 사람과 듣는 사람이 번갈아 말하는 원리로 순차적으로 일어납니다.
- 말 차례 주고받기에는 대화를 시작하고 유지하고 종료하는 기술이 포함됩니다.

대화를 시작하려면 공통으로 관심 있는 주제를 선택해야 합니다. 의사소통 상대가 흥미를 갖지 않는 주제를 이야기하면 상대는 금방 지루해하고 대화를 이어 가지 않을 수 있습니다.

대화를 유지하려면 의사소통 상대의 말을 방해하지 않고 잘 듣는 연습이 필요합니다. 이때 가만히 듣고 있기보다는 또래의 말을 잘 듣고 있다는 표현으로 고개를 끄덕이거나 눈 맞춤 또는 “와” “정말” “그래서” “그랬구나” 등의 반응을 하는 것이 필요합니다.

대화를 마치려면 말하는 사람이 시선이나 행동, 쉼, 운율과 같은 단서를 통해 말을 마치거나 대화 차례가 바뀌었다는 신호를 주는 것이 필요합니다.

대화에는 협력이 필요합니다

대화에 참여할 때는 다음과 같은 협력의 원칙이 있습니다(Grice, 1989).

- 대화의 질(quality): 대화는 진실해야 합니다. 거짓이라고 생각하거나 적절한 증거가 없는 것은 말하지 않아야 합니다.
- 대화의 양(quantity): 대화는 필요한 만큼의 정보를 주는 정도로 해야 합니다. 정보를 지나치게 많이 주어도 안 되고 너무 적게 주어도 안 됩니다.

- 대화 관계(relation): 대화 주제와 관련된 것을 말해야 합니다.
- 대화 방식(manner): 명료하게 말해야 합니다. 모호성을 피하고, 간결하고, 논리 정연하게 말해야 합니다.

말 차례 주고받기 기술을 향상하는 방법(Owens, 2014)

- 초기에는 대화가 주제를 벗어나더라도 모르는 척한다.
- 먼저 비언어적이고 물리적인 수준에서 시작한다(예 공 주고받기).
- 아동과 대화 상대는 특정 물건을 주고받으며 말 차례 주고받기에 대한 인식을 증진시킨다.
- 게임을 할 때도 차례를 지켜야 한다. 대화 상대는 아동이 자발적으로 말을 할 경우 이를 모방해 준다.
- 집단 활동 중에 언어 게임이나 노래와 율동을 하면서 말 차례 주고받기 시범을 보이도록 한다.
- 질문하고 대답하기를 통해 아동이 차례를 지키도록 유도한다.
- 고개를 끄덕이거나 눈 맞춤 같은 비언어적 단서를 사용해 아동이 차례를 지키도록 한다.

Q09 말 차례 주고받기는 언제쯤 가능할까

6세인데 자기가 하고 싶은 말이나 요구하는 말만 하고 질문에 대답만 하고 끝이에요. 언제쯤 서로 주고받기 대화가 가능할까요?

A 자기가 하고 싶은 말이나 요구하는 말만 하고 상대의 질문에 대답만 하고 끝나는 경우가 빈번하다면, 화용적 측면의 하나인 말 차례 주고받기에 어려움을 보이는 것으로 생각됩니다. 대화는 사회적인 관계를 목적으로 둘 이상의 사람이 의사소통하는 것을 의미하며, 아동의 사회성이 발달하는 시기에 대화 기술도 발달하게 됩니다 (배희숙, 2021).

대화를 위한 최소한의 말 차례 주고받기 빈도는 3회라고 합니다. 아동은 18개월에서 24개월 사이에 대화에 참여하고 말 차례를 지키는 방법을 배우기 시작합니다. 다만, 3세 이하 아동의 경우에는 주제와 상관없이 두 번 이상 말 차례 주고받기가 유지되기 어렵습니다. 취학 전 아동의 발달연령에 따른 대화 특성은 〈표 6〉과 같습니다(배희숙, 2021).

표 6 **취학 전 아동의 발달연령에 따른 대화 특성**

발달연령	대화 특성
24개월	상대방의 질문에 대답하기 시작함
28개월	짧은 대화에 참여하기 시작함
36개월	대화 주제를 유지하기 시작함
48개월	연관된 주제를 지속적으로 유지 가능함
60개월	한 가지 주제에 대해 대략 다섯 번 정도의 발화가 오고 가기 시작함

대화는 대답하기뿐 아니라 주제 개시, 주제 유지, 대화 종료 등 여러 가지 요소를 필수적으로 포함하며 [그림 8]과 같은 과정으로 진행됩니다.

그림 8 **대화 과정**

대화를 시작하는 사람이 주제를 개시하고, 대화 상대와 개시된 주제를 유지하면서 말 차례를 주고받는 과정이 지속됩니다. 주제를 개시하고 유지하는 것뿐 아니라 의도가 적절히 전달되지 않았거나 상대가 하는 말을 이해하지 못했을 때 수정하거나 되묻는 과정이 필요합니다([그림 9] 참고). 이와 같은 과정을 반복하며 대화가 종료될 때까지 말 차례 주고받기가 지속되다가 상대가 대화의 종결을 알리는 끝맺음의 표현(예: "다음에 다시 이야기하자." 등)을 하는 경우 대화가 종료됩니다.

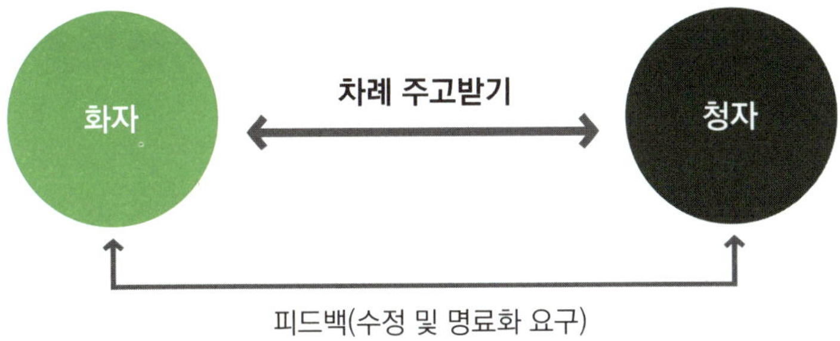

그림 9 말 차례 주고받기 과정

Q10 대화 능력이 부족한 아이를 도울 수 있는 방법

우리 아이가 말은 많이 하는데 무슨 말인지 하나도 못 알아듣겠어요. 발음의 문제가 아니라 내용 정리가 안 되는 것 같아요. 어떻게 해야 하나요?

A 발음에는 문제가 없는데 아동이 하는 말을 알아듣지 못하는 경우라면 이는 아동의 대화 능력과 관련이 있을 수 있습니다.

대화는 사회적 상호작용의 일종으로 호혜성이 성립해야 하고, 주어진 시간 안에 효과적으로 메시지를 주고받아야 하며, 그 정보는 가치 있어야 합니다. 위 질문에 대한 대답은 Grice(1989)가 제안한 대화의 원칙 중 대화의 양 그리고 대화 방식과 관련이 있습니다. 대화의 원칙에 대한 자세한 설명은 Q08을 참고하시기 바랍니다.

대화는 전제 능력과 관련이 있습니다. 전제 능력이란 아동이 대화 상대의 필요를 파악하고 정보를 명료하게 제공하는 것을 말합니다(김영태 외, 2016). 상대가 필요로 하는 정보를 적절히 파악하지 못하는 경우 정보의 양이 과하게 많아지거나 혹은 부족할 수 있으며, 맥락과 관계없는 것을 제공하여 전달된 정보가 부정확할 수 있습니다.

이러한 경우에는 ① 정보를 정확하게 전달하는 것과 ② 적절한 정보의 양을 전달하는 두 가지 측면을 중점으로 연습하는 것이 필요합니다. 가정에서 도움을 줄 수 있는 방법은 다음과 같습니다.

1 사물 묘사하기

아동은 특정 물건을 설명 혹은 묘사하고, 부모는 아동이 말하는 것을 듣고 그 물건이 무엇인지 맞추거나 그림을 그립니다([그림 10] 참고).

그림 10 사물 묘사하기 활동의 예

2 줄거리 요약해서 말하기

부모와 함께 이야기를 읽고 다시 말하기를 해 봅니다. 아동이 이야기에 불필요한 정보를 추가하여 말하거나 지나치게 구체적으로 이야기하는 경우 이야기의 중심 사건을 3컷 혹은 4컷의 그림으로 그리거나 글로 정리한 후에 다시 말하는 연습을 해 볼 수 있습니다. 반면에 이야기를 너무 짧게 말하거나 필요한 정보를 생략하여 말하는 아동의 경우 이야기에 누가 나왔는지, 어떤 일이 일어났는지, 이야기의 결말은 어땠는지 등을 물어보고 정리한 후, 다시 말해 보게 할 수 있습니다. 각각의 요소를 정리한 후에도 아동이 말하기에 어려움을 보이거나 오류가 잦다면 부모가 먼저 시범을 보여 주고 따라 하게 할 수 있습니다.

3 지시하기

많은 양의 정보를 한번에 말하는 아동의 경우 지시하기 활동을 통해 한 번에 하나의 서술어만 사용하여 지시하는 연습 활동이 도움이 될 수 있습니다. 곰 인형 목욕시키기 활동을 한다고 가정했을 때, 아동은 말을 하고 부모가 아동의 말을 듣고 수행하는 역할을 합니다. 아동이 목욕하는 것을 지시할 때 다음과 같이 말할 수 있습니다.

아동 발화의 예: “인형 옷을 벗기고 물을 튼 다음에 바지도 벗기고 난 후에 샤워기로 물을 ‘쏴아아’ 하고 거품으로 머리를 먼저 하고, 그 다음에 몸도 하고, 다시 샤워기로 몸에 물을 하고, 머리에도 하고, 그 다음에 수건을 가지고 와서 닦고, 드라이기로 머리도 해 주세요.”

이처럼 한 번에 많은 양의 정보를 포함하여 장황하게 말할 경우 아동이 말한 내용을 하나씩 나누어 다음과 같이 한 번에 하나의 서술어만을 포함하여 지시하는 연습을 해 보시기 바랍니다.

① “인형 옷을 벗겨 주세요.”
② “바지도 벗겨 주세요.”
③ “물을 틀어 주세요.”
④ “샤워기로 몸에 물을 묻혀 주세요.”

이와 같이 한 번에 하나의 서술어를 사용하여 말하는 수행력이 높아지면, 다음과 같이 여러 단계를 묶어 지시하는 연습을 진행해 나갈 수 있습니다.

① "인형의 티셔츠와 바지를 벗겨 주세요."
② "물을 틀고 샤워기로 몸에 물을 묻혀 주세요."

Q 11 언어치료 후 언어평가 결과는 정상 범주에 속하지만 부족함이 느껴진다면

언어평가 결과 정상 발달에 들어왔는데 또래와 대화하는 부분에서 부족함을 느껴요. 이럴 땐 어떻게 하면 좋을까요?

A 아동이 언어치료를 받고 정상 범주에 속한다는 언어평가 결과를 받았지만 여전히 부족하다고 느끼신다면 아동의 화용언어 능력을 살펴보아야 합니다. 특히 또래와의 대화에서 어려움을 보인다면 또래 간 상호작용을 목표로 하는 짝 치료나 서너 명 정도의 소그룹 언어치료를 받아 보시기 바랍니다.

또래 대화가 부족한 원인 찾기

언어능력은 언어의 구성요소인 형식, 내용, 사용 측면을 이해하고 활용하는 능력이라 할 수 있습니다. 또래와의 대화에서 부족함을 보인다면 언어의 형식이나 내용보다 사용 측면인 화용언어 영역의 결함일 수 있습니다. 다음 〈표 7〉을 참조하여 아동의 화용언어 부분을 살펴보시기 바랍니다.

표 7 언어의 구성요소

영역	내용
형식	**음운: 말소리(조음)에 문제가 있나요?** 오류 예 호랑이 → 호양이, 선생님 → 던댕닌
	형태: 조사, 어미 등 문법형태소를 잘 사용하나요? 오류 예 케이크에 초를 꽂았어 → 케이크를 초를 꽂았어
	구문: 문장을 만드는 데 어려움은 없나요? 오류 예 나는 할머니 집에 가요 → 나는 가요 할머니 집을
내용	**의미: 어휘의 의미를 잘 알고 있나요?** 오류 예 나는 배가 고파요 → 나는 배가 아파요
사용	**화용: 맥락과 상황에 맞는 말을 하고 있나요?** 오류 예1 주제에 맞게 말 차례를 주고받지 못하며 대화 유지가 어렵고, 자기주장과 관심 있는 부분만 일방적으로 쏟아 내듯이 말함 오류 예2 "앞에 가는 사람은 도둑, 뒤에 가는 사람은 경찰" 게임을 할 때 → 나는 '도둑'이 아니라고 화를 내고 울며, 게임이나 은유, 농담을 이해하지 못함

화용 언어(pragmatic language)란?

아동이 사회적 상호작용에서 어려움을 보이거나 대화 상황에서 적절하게 소통하는 것이 어렵다면 화용 언어의 문제일 수 있습니다(American Psychiatric Association, 2013). 미세 먼지와 코로나19 팬데믹 이후, 마스크 착용으로 아동들이 타인의 표정을 읽는 데 어려움을 보이고 언어지연을 보이는 경우가 늘었습니다. 외부 및 또래와의 접촉이 줄어들고 미디어 노출이 과도해지면서 특히 화용의 문제로 어려움을 겪는 아동이 많아졌습니다.

화용 언어 능력이 부족한 아동의 특성(오은영, 2023)

- 대화를 할 때 상대방의 의도를 이해하거나 사회적 맥락에 맞춰 적절하게 주제를 유지해 나가는 능력 결여
- 한 주제를 놓고 차례를 주고받으며 대화하기보다 일방적으로 말을 쏟아 내며 자신의 언어를 조절하는 기술 부족
- 상대의 감정과 언어적·비언어적 표현을 적절히 이해하지 못하고 자기중심적으로 해석하여 말하는 경향
- 자신이 옳다고 여기는 가치에 기준을 정하고 그 기준에 맞추어 생각하고 말하여 융통성이 없는 것처럼 보임

대화 기술

대화에도 기술이 필요합니다. 자녀와 함께 다음 [그림 11]과 〈표 8〉을 참고하여 순서대로 대화 연습을 해 보면 도움이 될 것입니다.

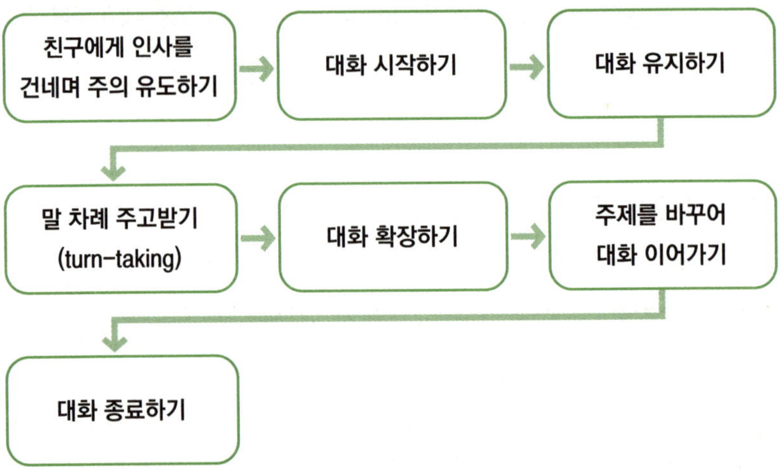

그림 11 대화의 순서

표 8 대화 기술 및 내용

대화 기술	내용
인사하기	"○○야, 안녕!" → 앉아 있는 친구에게 주의를 유도함
대화 시작	"뭐 하고 있어?" → 묻는 것은 대화를 시작하려는 의도임
대화 유지	"책 보고 있어! 아까 선생님이 이거 보라고 꺼내 주셨거든." "아하~ 그 책 재미있어?" → 질문하며 관련 이야기를 이어 나감
차례 주고받기	"너도 책 보는 거 좋아하니?" "응! 나도 책 좋아해." "아! 우리 책 좋아하는 게 똑같네." "그런데 난 아직 글자를 몰라서 엄마가 읽어 줘." → 한 아동이 말을 끝내고 나면 말을 듣고 있던 아동이 차례를 지켜 말함
대화 확장	"너는 글자를 잘 읽을 수 있어?" "응! 그럼~" "야! 대단하다. 나도 글자 배워야겠다." "나는 책 보는 게 텔레비전 보는 것보다 재미있어." "어! 그래? 나도 엄마한테 글자를 가르쳐 달라고 해야겠다." → 말한 대화를 바탕으로 자신의 생각이나 느낌을 첨가하며 대화를 확장함
주제 전환	"아~ 참! 어제 생일잔치에 나를 초대해 줘서 고마웠어." "나도 재미있었어. 우리 집에 와서 축하해 주고 선물 줘서 고마워." → 책 이야기를 하다가 대화 주제를 적절히 바꿈
대화 종료	"자유놀이 시간이 끝났네~ 책 정리해야지. 이따 또 만나." → 대화를 마무리함

그림 12 대화 기술의 예

또한 아동은 대화 과정에서 수정 전략(repair strategy)이 필요할 수 있습니다. 〈표 9〉에서 볼 수 있는 것처럼, 아동은 좀 더 분명하게 자신의 의견을 전달하기 위해 스스로 발화를 수정하거나 상대방의 의도를 정확히 파악하기 위해 명료화를 요구하기도 합니다.

표 9 대화 수정 전략

발화 수정	"한 친구가, 아 아니 연두가 아파서 생일파티에 못 왔어."
명료화 요구	"잘 안 들렸어. 다시 한번 말해 줄래?"

대화 기술 향상을 위한 언어치료

언어치료를 진행하고 진전평가에서 정상 발달 수준에 이르렀는데 여전히 또래 간 대화에서 어려움을 보인다면 두 명으로 진행되는 짝 치료나 서너 명 정도의 소그룹 언어치료를 권합니다.

개별 언어 치료가 개인의 목표와 속도에 따른 언어능력 향상을 위한 접근이라면 짝 치료나 소그룹 치료는 또래와의 상호작용(의사소통 기능, 대화기술, 공동 주의, 주제 유지하기 등)을 목표로 선택할 수 있는 방법입니다(윤혜련, 2023).

또래와의 대화 향상을 위한 가정 내 실천 방법

1 아동이 선호하는 주제를 선택해 4~5회 말 차례 주고받기

엄마: "보라야, 새싹 반에 너처럼 레고 좋아하는 아이가 또 있니?"
아동: "거의 남자애들이 레고 좋아하고 나처럼 여자애는 없어요."
엄마: "너는 레고가 왜 그렇게 좋은 거야?"
아동: "언니 따라서 공주 레고 시리즈 만들면서 그냥 좋아졌어요."
엄마: "작년에 처음 조립할 땐 엄마가 많이 도와줬는데, 그렇지?"
아동: "맞아요~ 그때는 잘 안 끼워져서 내가 짜증도 많이 냈지요?"
엄마: "응! 그런데 이제 큰 성까지 만들었다니 우리 보라 대단하다!"
아동: "하하~ 혼자 성을 완성해 놓으니까 너무 기분 좋아요."

2 아동 수준에 맞는 규칙과 원칙, 개념 알려 주기

★ 규칙

- 가족과 함께 의논해서 규칙을 만들어 지키기
- TV는 하루에 1시간만 시청하기
- 미디어 보지 않고 가족과 대화 나누며 식사하기
- 하루에 세 번 이 닦기
- 엄마, 아빠의 휴대전화는 허락받고 사용하기

- 어른에게 허락받고 외출하기(놀이터, 친구 집, 편의점 등)
- 자전거나 롤러블레이드를 탈 때 헬멧 착용하기
- 주차장에서는 천천히 걸어가기

★ 원칙

예의의 중요성

- 어른과 친구에게 친절하게 말하기
- 잘못했을 때 사과하기
- "죄송합니다" "미안해" "감사합니다" 등은 적절히 사용하기

존중과 배려

- 친구의 생각과 느낌을 인정하고 존중하기
- 양보하고 배려하기
- 아픈 친구 도와주기
- 우는 친구 위로하기
- 친구 물건 허락받고 사용하기
- 공공장소에서 조용히 행동하기

★ 개념

시간의 흐름

- 새벽, 아침, 점심, 저녁
- 오전, 오후
- 봄, 여름, 가을, 겨울

- 과거, 현재, 미래

환경보호와 절약

- 지구를 살리는 환경보호에 대해 인식하기
- 음식 남기지 않기
- 물이나 물건 아껴 쓰기
- 쓰레기는 아무 데나 버리지 않고 분리수거하기
- 재활용하기

3 아동의 감정에 관심을 갖고 정서적으로 공감해 주기

아동: "오늘 연두가 감기 걸려서 유치원에 못 왔어요."

엄마: "그래서 시무룩했구나! 오늘 기분이 계속 안 좋았던 거야?"

아동: "네~ 친구가 안 와서 마음이 슬프고 보고 싶어요."

엄마: "친구가 안 와서 마음이 슬프고 보고 싶었구나! 엄마도 연두가 빨리 나아 유치원에 와서 우리 민준이랑 재미있게 놀았으면 좋겠다. 우리 마음속으로 연두가 낫도록 응원해 줄까?"

아동: "네! 좋아요, 엄마~."

4 추상적 개념은 구체적 예를 들어 설명해 주기

"양보는 할머니가 버스 타시면 '이 자리에 앉으세요' 하고 자리를 내어 드리는 거야."

"절약은 물을 세게 틀어서 사용하지 않고 쓸 만큼 쓴 다음에 잘 잠그고 물을 아껴 쓰는 거야."

"그리움은 멀리 이사 간 할머니가 자꾸 생각나고 보고 싶은 마음이야."

※ 평소 자녀와 나이대가 비슷한 아동들의 대화를 귀 기울여 듣고 본인의 자녀가 사용하지 않는 낱말로 말을 한다면 어휘를 수집하여 자녀에게 활용해 보시기 바랍니다.

5 시각적 자료와 직접 경험으로 대화의 즐거움을 알게 하기

시각적 자료

- 사건이나 자연재해가 발생했을 때 그림 자료를 보여 주며 설명해 주기
- 친척에 대해 잘 모를 때 가계도를 그려 설명해 주기
- 이야기를 듣고 이해를 못할 때 그림을 그려 설명해 주기
- TV 뉴스를 함께 보며 사건에 관해 대화 나누기
- 운동경기를 보며 게임 룰, 경기 용어, 선수 인원 등을 알려 주기
- 외국 선수와 경기할 때 그 선수의 나라를 지도에서 찾아보기
- 드라마나 다큐멘터리를 보며 함께 대화 나누기

직접 경험

- 여행이나 산책할 때 마주치는 풍경이나 동식물, 건물 등에 관해 대화 나누기
- 일주일에 한 편 일기 쓰기
- 나의 생활을 회상하고 그림과 글로 표현하며 대화 나누기
- 나눔 행사, 박물관, 미술관, 뮤지컬, 영화관람 등 체험활동에 참여하고 대화 나누기

Q12 또래 대화가 어려운 아이

7세인데 또래랑 대화를 못해요. 왜 빨리 안 좋아지나요?

A 요즘 또래와의 대화를 어려워하는 아동이 생각보다 많습니다. 왜 빨리 좋아지지 않는지 초등학교 입학을 앞두고 걱정이 앞설 것입니다. 우선 아동이 가족과 주고받는 대화를 경험하여 자신감을 얻도록 도와주는 것이 중요합니다. 더불어 또래와 자연스럽게 만날 수 있는 기회를 자주 마련해 주는 것이 필요합니다.

대화를 어려워하는 원인 파악하기

언어능력은 크게 두 가지로 구분할 수 있는데, 정보를 받아들이고 이해하는 수용 언어능력과 생각이나 감정을 겉으로 드러내어 산출하는 표현 언어능력이 있습니다. 수용 언어가 정상 범주에 있는 아동이라면 표현 언어가 약간 지체되더라도 기다려 주면서 의도적으로 언어적인 상호작용을 많이 해 주시기 바랍니다.

또래와의 대화가 어렵다면 다음 사항을 살펴 주시기 바랍니다

- **내성적인 성격**을 소유했거나 남 앞에서 말하는 것이 부끄러워 표현을 안 할 수도 있으니 칭찬을 해 주고 자신감을 가질 수 있도록 격려해 주어야 합니다.
- **부정적인 경험**, 즉 친구와 대화를 나누다가 좋지 않은 경험을 한

후 대화에 용기를 내지 않을 수 있습니다. 친구들과 만나는 기회를 만들어 함께 어울리는 즐거움을 알게 하는 것이 좋습니다.

- **환경적**으로 아동이 말을 하면 즐겁게 반응해 주고 편하게 말할 수 있는 기회를 만들어 주는 것이 중요합니다. 우선 가정에서 가족과의 즐거운 경험을 통해 자녀의 대화 기술을 향상시켜 주어야 합니다.

또래 대화를 잘하기 위한 실천 방법

다른 영역의 언어능력은 정상 발달이지만 대화 경험이 부족하거나 낯가림이 많은 아동의 경우 대화가 어려울 수 있으니 친구들을 만나 대화하는 기회를 의도적으로 만들어 주는 것이 필요합니다. 처음에는 낯설고 어색하겠지만 자주 만나면 익숙해지고 대화의 문이 열리게 될 것입니다.

- 생일파티에 친구 초대하기
- 친구나 친척 집에 놀러 가기
- 부모의 지인 자녀들과 함께 어울려 놀기
- 그룹 운동경기에 참여하기(예 축구, 피구, 소프트볼)
- 우리 가족과 친구 가족이 함께 캠핑(여행) 가기
- 부모와 재미있는 놀이를 하며 상호작용하기(예 보드게임)

자녀가 또래와의 대화를 어려워한다면,
'부모의 칭찬'이 답입니다.

다른 아동과 비교하여 본인의 자녀가 또래와 대화를 잘하지 못한다고 채근하거나 조급함을 드러내면 아동은 말문을 닫고 위축됩니다. 또래 간 관계를 느긋하게 지켜보면서 믿어 주고, 친구와 만났을 때 적절히 행동하거나 말했다면 칭찬하고 격려해 주시기 바랍니다. 평상시 가정에서 부모가 자녀의 대화 상대가 되어 주시기 바랍니다. 칭찬해 주고 용기를 주면 분명 대화에 자신감이 생길 것입니다.

Q13 읽기가 어려운 아이, 과연 난독증일까

아이가 난독증인지… 아니면 취학 전이라 그런지 책을 읽을 때 조사를 빼먹거나 바꿔서 읽고 문장도 틀리게 읽어요. 어떻게 해야 하나요?

A **취학 전 아동이라면 아직 읽기 발달이 완성되지 않은 시기이기에 읽기에 오류를 보일 수 있습니다.**

학령 초기(초등학교 1~2학년)에 자소와 음소의 대응 규칙을 학습한 후 음독 능력이 안정화되면서 읽기가 자동화되고 읽기 유창성이 향상됩니다. 또한 학령 초기에는 특정 낱말을 다른 낱말로 바꾸어 읽는 오류가 종종 발생하기도 하는데, 이는 읽기가 자동화되고 숙련되면 점차 사라지게 됩니다. Chall(1983)이 제안한 읽기 발달 단계는 〈표 10〉과 같으며, 개인차가 존재할 수 있습니다.

글을 정확하고 빠르게 읽는 것은 읽기 유창성과 관련이 있습니다. 읽기 유창성이 발달하기 위해서는 글자를 빠르고(속도), 정확하게 읽는 것(정확성)이 필요합니다(National Reading Panel, 2000). 읽기 유창성을 증진할 수 있는 방법의 예로 '반복 읽기전략'을 들 수 있습니다.

반복 읽기전략

함께 읽기, 혼자 읽기, 번갈아 읽기 등을 통해 동일한 텍스트에 지속적으로 노출함으로써 친숙한 텍스트를 독립적으로 읽을 수 있도록

돕는 전략

- 방법: 함께 읽기, 혼자 읽기, 번갈아 읽기
- 읽기 자료: 점진적으로 난도가 높은 텍스트를 제공(낱말 → 문장 → 문단)
- 반복적으로 읽기 기회 제공
- 아동이 오류를 보일 때 적절한 피드백 제공

표 10 읽기 발달 단계(Chall, 1983)

단계	발달연령	특성
1	6세 이전	• 음운 인식 발달 • 통낱말로 읽기 시작
2	6~7세	• 자소-음소 대응 관계 학습 • 짧은 글 읽기
3	7~8세	• 읽기 유창성이 완성되는 시기 • 읽기를 학습하는 단계에서 학습을 위한 읽기로 전환되는 단계
4	9~13세	• 읽기를 통해 새로운 정보 습득 • 어휘 확장, 세상 지식 습득
5	15~17세	• 설명문이나 문학작품 읽기 • 문헌을 다양한 관점에서 고찰
6	18세 이후	• 읽기를 통해 전문지식 습득 • 비판적 읽기

출처: Chall (1983).

책을 제대로 읽지 못한다고 무조건 난독증은 아닙니다. 난독증의 정의를 살펴보면 다음과 같습니다.

난독증이란?

경기도 교육청 조례 제6168호(2019)에 의하면 지능, 시력, 청력 등이 모두 정상임에도 불구하고 문자를 읽고 철자를 구분하거나, 내용을 이해하는 것이 원활하지 못하여 글을 읽고 이해하는 데 어려움을 겪는 증상을 말합니다.

난독증이 의심되는 발달단계별 초기 징후는 다음 〈표 11〉과 같습니다(한국난독증협회, 2024).

표 11 발달단계별 난독증 징후

발달단계	징후
학령전기	• 언어발달이 느림 • 말소리를 활용하는 게임에 관심이 없음 • 동요 배우기를 힘들어함 • 혀 짧은 소리(baby talk)가 늦게까지 지속됨 • 낱말을 정확하게 발음하는 데 어려움을 보임 • 사물이나 사진을 보여 주었을 때 이름을 빨리 말하는 데 어려움을 보임(예 색깔, 모양, 낯익은 사물 또는 동물 등)

초기 학령기	• 낱말을 읽는 데 어려움을 보임 • 아주 익숙한 낱말 외에는 읽지 못함 • 받침이 있는 낱말을 읽지 못함 • 글자의 모양과 무관한 읽기 오류가 많음 • 베껴 쓰는 것은 가능하나 받아쓰기는 안 됨 • 낱말 속 자음, 모음의 순서를 헷갈려 함 • 글자와 소리의 대응 관계를 학습하는 속도가 느림 • 글자의 좌우가 뒤바뀌거나(예: ㄷ/ㅋ) 상하를 뒤바꿈(예: ㄱ/ㄴ, ㅗ/ㅜ) • 낱말을 소리 내어 말하기 위한 체계적인 접근 방법이 부족함 • 읽기 과제에 어려움을 보임 • 아동이 스스로 읽을 때보다 타인이 읽어 줄 때 더 잘 이해함 • 정보를 떠올리는 데 어려움을 보임 • 구구단과 같은 수학 학습에 어려움을 보임 • 수학기호에 혼동을 보임(예: +/-) • 시간 개념 이해에 어려움을 보임 • 방향 이해의 어려움
후기 학령기	• 다음절이나 외래어를 읽을 때 오류가 빈번함 • 소리가 비슷한 낱말에 혼돈을 보임 • 날짜, 사람 이름, 전화번호를 외우기 힘들어함 • 시간 내에 과제를 수행하지 못함 • 읽기 이해력이 부족함 • 조사 등 기능어에 대한 이해가 부족함 • 책 읽기를 싫어함 • 일견 낱말(sight word) 어휘량이 빈약함 • 어원, 접사, 글자 패턴과 같은 철자법 학습에 어려움을 보임 • 문장제 수학 문제에 어려움을 보임 • 일어난 사건을 회상하는 데 어려움을 보임 • 말로는 자기표현을 훌륭하게 하나 글로 표현하는 데 어려움을 보임

<table>
<tr>
<td>청소년기 및
성인기</td>
<td>• 느리고 힘겨운 읽기
• 음독해야만 이해 가능함
• 묵독해야만 이해 가능함
• 자세하게 읽기보다 대충 읽는 경향이 있음
• 설명문의 읽기 이해력 및 논술 능력이 부족함
• 철자법 및 작문에 취약함
• 읽기 또는 쓰기 숙제를 피함
• 요약하는 데 어려움을 보임
• 기억력이 취약함
• 일 처리 속도가 느림
• 일을 정리하고 과제를 관리하는 데 어려움을 보임
• 읽기와 쓰기가 많이 필요한 과목의 학습에 어려움을 보임
• 외국어 학습에 어려움을 보임</td>
</tr>
</table>

〈표 11〉의 내용 중 어느 한두 가지에 해당한다고 해서 난독증이라고 할 수는 없기에, 발달 과정에서 나타나는 여러 가지 징후들을 추적 관찰하는 것이 필요합니다. 〈표 11〉의 징후 중 상당수의 내용이 부합한다면 다음 〈표 12〉의 난독증 선별 체크리스트(한국학습장애학회, 2015)를 실시해 보시기 바랍니다.

표 12 난독증 선별 체크리스트

번호	문항 내용	아니다 (1점)	약간 그렇다 (2점)	그렇다 (3점)
1	지능은 정상으로 보이나, 읽기/쓰기(철자)를 또래 학년 수준만큼 잘하지 못한다(지능은 정상: 지적 장애가 없고, 학습 이외의 활동이 또래와 비슷함).			
2	지능은 정상으로 문제를 읽어 주면 잘하나, 혼자 읽고 문제를 푸는 것을 잘하지 못한다.			
3	들은 내용을 즉시 전달하거나 자신의 말로 바꾸어 말하는 데 어려움이 있다(예: 말 전하기 등).			
4	말할 때 낱말을 잘못 발음하거나 음절, 낱말, 구의 순서를 바꾸어 말한다(예: 로그인 → 그로인, 노점상 → 점노상 등).			
5	말할 때 많이 머뭇거리거나 적절한 낱말을 찾지 못한다(예: 음, 아, 저기, 그거 있잖아요 등의 잦은 사용).			
6	특정 받침 발음에 문제를 보인다(예: '반을 잘라'를 '바느 잔나'로, '밝아'를 '박아'로 말함).			
7	구어적 지시를 이해하는 데 어려움이 있다.			
8	읽을 때 낱말에서 글자를 빠트리거나 첨가하여 읽는다.			
9	여러 음절로 이루어진 낱말, 낯설고 복잡한 낱말들을 발음하는 데 어려움이 있다(예: '초코쿠키 → 초코쿠구' '콘 푸로스트 → 콘 프로'로 읽거나 복합명사인 켄터키 후라이드 치킨, 웰빙 파프리카 버거 등을 발음하기 어려워함).			

10	글자에서 낱자와 소리 간의 관계를 모른다 (예: '가'에서 'ㄱ'의 소리가 '그', 'ㅏ'의 소리가 '아'인 것을 모른다).			
11	낱말들을 소리 나는 대로 읽지 못한다(예: '값이'를 '갑시'로, '국물'을 '궁물' 등 소리 나는 대로 읽지 못하고 '값이'를 '갑이'로 '국물'을 '국물' 등 글자 그대로 발음한다).			
12	낱말을 쓸 때 글자를 생략, 대치, 첨가, 중복 또는 순서를 바꾸어 쓴다.			
13	낱말 내에서 소리의 조합, 대치 및 분리 등에 문제를 보인다(조합: 'ㅋ'+'ㅗ'+'ㅇ'='콩', 대치: '가지'에서 'ㄱ' 대신 'ㅂ'을 넣으면 '바지', 분리: '차'가 'ㅊ'+'ㅏ'로 된다는 것 등을 모른다).			
14	같은 소리로 시작하거나 끝나는 낱말을 잘 찾지 못한다(예: '리' 자로 끝나는 말은?).			
15	글을 읽기 위한 음운(자음과 모음)인식에 문제가 있다.			
16	또래에 비해 글을 소리 내어 유창하게 읽지 못한다.			
17	짧은 단락(문단)을 읽고 이해하지 못한다.			
18	국어 성적이 아주 낮다.			
19	새로운 어휘를 배우고 기억하는 데 어려움이 있다(예: '무령왕릉'처럼 어려운 낱말을 배우고 기억하는 데 어려움이 있음).			
20	흔히 보는 어휘들을 빨리 파악하지 못한다 (예: 당기시오, 미시오, 계단 주의, 우측 통행 등).			

21	좌우, 상하 등의 방향 감각 및 공간지각에 어려움이 있다.			
22	책을 읽을 때 어지러움, 두통, 배 아픔 등을 호소한다.			
23	읽는 것을 꺼리고 어려워하거나 공포를 나타낸다.			
24	책을 잘(많이) 읽을 수가 없어서 또래에 비해 배경지식이 부족한 것 같다.			
25	듣기 이해력이 읽기 이해력보다 나은 것 같다.			
26	가족 중에 읽기 학습이 어려웠던(난독증) 사람이 있다(*난독증은 읽기 학습에 특별히 많은 어려움이 있는 것을 말합니다. 학생상담 시에 파악된 내용에 따라 체크해 주세요).			
27	음악, 미술, 연기/연극, 스포츠, 조작 활동 등 한 영역 이상에 소질이 있어 보인다.			
점수				
총점수(원점수)				
판정				

원점수	38 이하	39~42	43~57	58 이상
판정	위험하지 않음	약간 위험	위험	매우 위험

출처: 한국학습장애학회(2015).

• 체크리스트 채점 결과 위험 수준에 해당할 경우 가까운 난독증 전문 기관을 방문하여 종합적인 검사를 받아 보시기 바랍니다.

• 다음의 QR 코드를 카메라로 인식하거나, 한국난독증협회 홈페이지를 방문하시면 관련 기관을 쉽게 찾아볼 수 있습니다.

한국난독증협회: 진단 기관	한국난독증협회: 치료 기관
http://www.kdyslexia.org/myboard/s18	http://www.kdyslexia.org/myboard/s17

Q14 존댓말은 언제부터 가르쳐야 할까

어른한테 자꾸 반말을 해요. 존댓말은 언제부터 가르쳐야 할까요?

A 어른한테 자꾸 반말을 하는 행동은 대화 상대에 따라 적절하게 언어를 선택하여 사용하는 능력이 부족하여 나타날 수 있습니다. 언어에서는 이를 사용역(register)이라고 하며, 화용 언어 능력과 관련이 있습니다.

학령기 아동의 경우 존댓말 사용이 부족하다면 다양한 상황을 경험할 수 있도록 도움을 주는 것이 중요합니다. 언어발달이 또래보다 현저히 느린 학령기 아동이나 취학 전 아동의 경우에는 무조건적으로 존댓말 사용을 가르치기보다는 아동의 발달 수준을 살펴보고 그에 맞게 접근해야 합니다. 따라서 존댓말이 발달하는 시기를 먼저 살펴보는 것이 필요합니다.

표 13 존댓말 습득 연령

연령	존대법 요소	예시
2~3세	'-요'(주체존대법) (항상 문장의 끝에 위치하므로 유아가 쉽게 습득함)	이거 뭐예요?

3세	'-해요'체	안녕하세요.
	'-하십시오'체	고맙습니다.
		잘 먹겠습니다.
4세	'-해요'체	안녕히 주무세요. 안녕히 계세요.
	'하십시오'체	다녀오겠습니다. 다녀왔습니다.
5세	'-해요'체	안녕히 다녀오세요. 안녕히 주무셨어요?
	'하십시오'체	안녕히 가십시오.
3~5세	'-(으)시'	과자 주세요.
초등학교 입학 이후	존대 명사	댁, 생신, 진지
	존대 동사	편찮으시다
	-께서	선생님께서

출처: 박진이, 김민진(2010).

- 〈표 13〉의 내용을 바탕으로 아동의 생활연령 및 발달연령을 고려하여 존댓말을 지도하는 것이 필요합니다.
- 2세부터 문장 끝에 "-요"를 붙이는 연습을 시작해 보시기 바랍니다.

취학 전 아동의 존댓말 지도 순서

주세요.
↓
안녕하세요. 고맙습니다. 잘 먹겠습니다.
↓
안녕히 계세요. 안녕히 주무세요. 다녀오겠습니다. 다녀왔습니다.
↓
안녕히 다녀오세요. 안녕히 주무셨어요? 죄송합니다.
↓
-하십시오.

그림 13 취학 전 아동의 존댓말 지도 순서

존댓말이 언어 예절인 우리나라의 경우, 아동이 어른과 의사소통하기 위해 존댓말을 배우고 사용하는 능력은 의사소통 측면에서 매우 중요합니다. 조부모와 함께 살던 과거와 달리 가족 구성원이 축소되면서 아동이 존댓말을 사용할 기회가 줄어들고 있습니다. 그러나 교육 현장에서는 존댓말 교육의 필요성이 더욱 강조되고 있습니다(박진이, 김민진, 2010). 유치원 교육과정, '의사소통 및 사회관계 영역'에서도 대상 및 상황에 따라 바르고 고운 말을 사용하는 것이 목표로 제시되어 있으며 어른에게 예의 바르게 행동할 것을 강조하고 있습니다(교육부, 2015).

가정에서 도와줄 수 있는 방법

- **역할 놀이**를 통해 자연스러운 상황에서 부모가 존댓말에 대한 시범을 보이고 아동이 존댓말을 사용할 수 있는 기회 제공하기
- 존댓말 표현이 들어 있는 **그림책 함께 읽기**
- **존댓말을 사용해야 하는 상황에서 부모가 시범을 보이고** 아동이 따라 할 수 있도록 기회 제공하기

  예 어린이집에 등원하여 선생님을 만났을 때 부모가 "선생님, 안녕하세요?"라고 말하면서 똑같이 해 보도록 하기

Q15 무발화, 말할 수 있을까

무발화 아동인데 말할 수 있나요?

A **무발화 아동인데 갑자기 말을 하는 경우도 있고, 시간이 지나면서 조금씩 말하는 아동도 있으며, 성인이 되면서 말을 하게 되는 사례도 있습니다.**

무발화란 구어가 전혀 없거나, 발성이 있더라도 의사소통을 위해 사용하지 않거나, 무의미한 발화로 언어 표현이 제한적인 경우를 말합니다. 예를 들면, 어떠한 의도나 특정한 목적 없이 "맘마" "마마"만 산출하는 경우 무발화로 볼 수 있습니다.

조음기관의 결함으로 구어 산출이 제한되는 뇌성마비, 외상성 뇌 손상, 청각장애, 호흡 문제, 구강/조음기관의 운동능력 약화, 자폐스펙트럼장애, 낮은 인지능력, 말 실행증 등이 무발화의 원인일 수 있습니다.

무발화 아동이 의미 있는 발화를 산출하기 위한 요인

기저 장애가 없고, 아동의 나이가 어린 경우, 언어 이해력보다 언어 표현력에 문제가 있는 경우, 조기에 언어치료를 받은 경우 말을 할 수 있는 가능성이 증가합니다. 따라서 같은 무발화 아동이라도 원인에 따라 치료 목표가 달라질 수 있으며, 조기에 치료할수록 발화 산출에 도움이 됩니다.

무발화 아동의 발화 산출을 돕는 방법

- 무발화 아동의 경우 의사소통 의도가 적고 도전적 행동(challenging behaviors)이 동반될 수 있기에 아동의 흥미가 무엇인지를 알아내야 합니다. 아동의 흥미에 따라 적절한 강화제를 선정해 활용하고, 표현하고자 하는 의도가 무엇인지를 파악하여 그에 걸맞은 반응을 해 주어야 합니다.
- 무발화 아동을 위한 치료 방법은 다양합니다. 개별 아동의 특성과 상황에 따라 다르게 접근해야 합니다. 무발화 아동의 발화 산출을 돕기 위한 몇 가지 전략과 방법은 다음과 같습니다.

도전적 행동을 수용 가능한 의사소통 행동으로 대체할 수 있도록 도와주는 것이 필요합니다.

무발화 아동은 정상적인 의사소통이 가능하지 않기에 자신의 의도를 전달하기 위해 다양한 도전적 행동을 보이게 됩니다. 도전적 행동은 울기, 때리기, 물기, 꼬집기, 할퀴기, 침 뱉기, 물건 집어 던지기, 드러눕기, 소리 지르기 등의 다양한 양상으로 나타납니다. 아동이 이러한 도전적 행동을 보였을 때 요구가 해결된 경험이 있다면, 도전적 행동은 사라지지 않고 계속됩니다.

도전적 행동을 줄이기 위해서는 아동이 자신의 요구를 표현할 때 울고 떼쓰는 방법이 아니라 이를 좀 더 수용 가능한 의사소통 행동으로 대체하는 방법을 알려 주어야 합니다.

무발화 아동의 경우 초기 의사소통 기능(예 거부하기, 승인하기, 요구하기 등)을 습득하는 것이 중요합니다. 이러한 기능을 습득하기 위해서는 일상생활 속에서 재미있고 다양한 경험이 필요합니다.

• 다음은 알아들을 수는 있으나 말을 못 하는 아동의 초기 의사소통 기능 습득을 위한 방법의 예입니다.

아동의 수용(이해)과 발화 수준 파악하기

↓

초기 의사소통 기능 습득하기

손짓이나 동작, 표정 등의 비언어적 수단을 통해 의사소통 강화하기

예

• 요구하기 "주세요"+손 모으기 제스처, 대답하기 "응"+고개 끄덕이기

• 저항하기 "아니요"+고개 좌우로 흔들기, 명명하기+포인팅하기

• 놀이나 과제를 다 했을 때 하이파이브, 손뼉치기

• 이때 동작은 과장되게 보여 주고 몸짓과 소리를 동시에 사용하세요.

↓

다양한 발성을 경험하도록 하기

예

• 울음을 발성을 위한 일시적 다리 역할로 이용하고 웃음이나 허밍(콧소리)을 통해 발성 유도하기

• 재미있는 놀이나 활동을 통해 상호작용하면서 감탄사("와" "와우" "예" 등) 사용하기

• 산출 가능한 소리가 있다면 자음과 모음 목록을 작성하고 이를 토대로 확장하기

• 모음 /아, 에. 이, 오, 우/를 유도하기, 가장 쉬운 자음인 양순음 /ㅁ, ㅂ/과 같은 소리를 따라 할 수 있도록 유도하기

- 무발화 아동의 경우 언어의 이해와 표현을 위해 말을 보완하여 사용할 수 있는 보완대체의사소통(AAC)이 도움이 될 수 있습니다. 보완대체의사소통에 관한 자세한 내용은 Q16을 참고하시기 바랍니다.

Q16 보완대체의사소통(AAC)의 긍정적 측면

무발화인 아이한테 보완대체의사소통(AAC)이 어떤 도움이 되나요?

보완대체의사소통은 무발화 아동의 언어 및 의사소통 능력을 촉진하는 데 도움이 됩니다.

보완대체의사소통이란?

보완대체의사소통(Augmentative and Alternative Communication: AAC)은 말과 언어에 심각한 어려움을 보이는 사람들이 도구적/비도구적 방법을 사용하여 구어를 보완하거나 대체하는 것을 말합니다.

도구적 AAC는 애플리케이션이나 기기를 사용하여 메시지를 음성으로 산출하거나, 그림교환의사소통체계(PECS), 의사소통판과 같은 비전자적인 도구를 사용하여 상대와 의사소통하는 방식이며, 비도구적 AAC는 발성, 몸짓, 표정과 같이 신체만을 사용하여 의사소통하는 방법을 말합니다(Beukelman & Light, 2020).

AAC 중재가 무발화 아동의 의사소통 능력에 미치는 효과는 다음과 같습니다

1 실생활에서 구어 산출과 언어의 기능적 사용을 촉진할 수 있습니다.

AAC는 말과 언어발달을 촉진하기 위해 그림, 사진, 글자 등 다양한 상징을 활용합니다. 아동의 흥미나 요구, 인지 및 의사소통 수준,

생활연령 등을 고려하여 일상생활에 필요한 기술을 지도하기에 말 산출과 언어의 기능적 사용을 돕습니다.

2 의사소통을 촉진해 또래와 함께하는 다양한 활동에 참여할 수 있습니다.

의사소통에 어려움을 겪고 있는 아동은 또래와의 상호작용에서 어려움을 겪고, 도전적 행동을 보일 수 있습니다. AAC는 의사소통을 지원하여 또래와 함께하는 다양한 활동에 참여를 높이고 사회성을 키우는 데 도움이 될 수 있습니다.

무발화 아동과 비장애 또래아동을 대상으로 한 상호작용 연구(김경양, 한선경, 박은혜, 2015)를 살펴보면, AAC를 활용한 보드게임 중재가 또래와의 상호작용을 증가시킨 것으로 나타났습니다.

3 학습활동에 대한 참여를 증진할 수 있습니다.

AAC를 통해 의사소통하는 아동은 자신의 언어 및 인지 수준에 걸맞은 방법으로 수업에 참여하는 횟수가 증가하게 됩니다. AAC 활용은 아동이 자신의 의견을 제시하거나 질문하고 답하기, 노래하기, 발표하기 등의 학습활동 참여도를 높이는 데 유용한 전략입니다.

AAC 중재는 양적, 질적으로 의사소통의 기회를 확대함으로써 의사소통 실패로 인한 아동의 분노, 좌절, 감정 폭발 등의 문제를 감소시키는 데 도움이 됩니다.

AAC 도구 예시

1 프록스토커

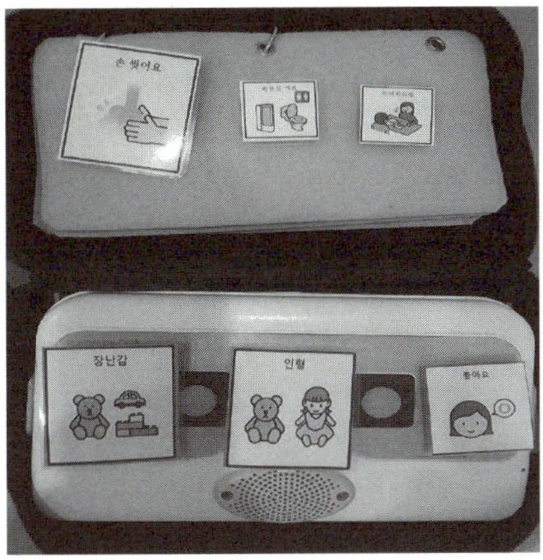

이 도구에 포함된 그림상징은 https://www.aacexchange.net/의 그림상징을 다운받아 활용하였습니다.

2 보이스탭 프로

3 키즈보이스

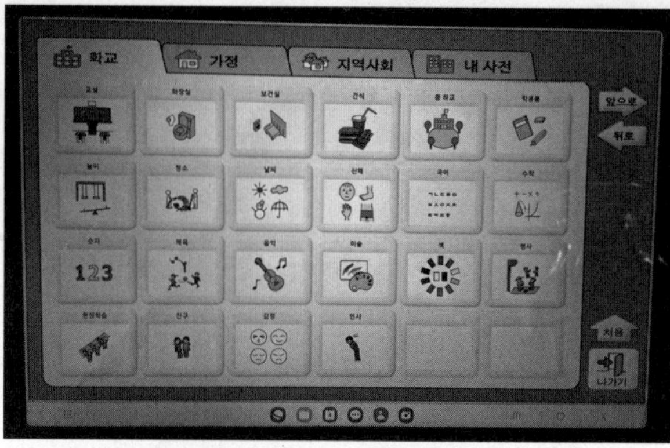

4 마이토키

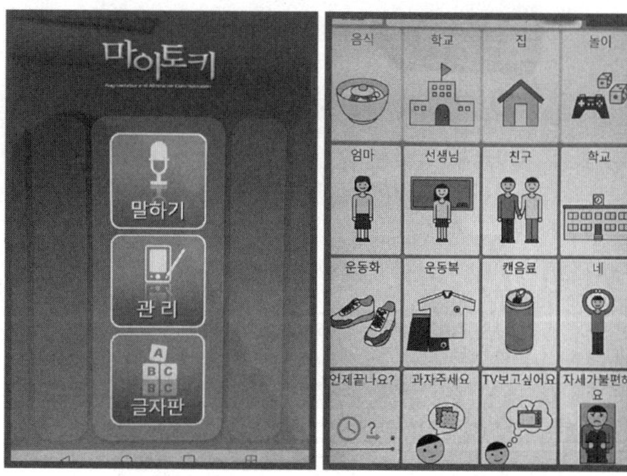

5 의사소통판의 예

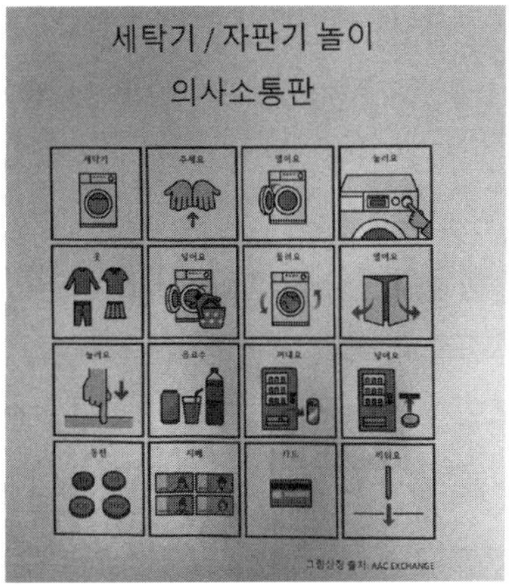

이 도구에 포함된 그림상징은 https://www.aacexhange.net/의 그림상징을 다운받아 활용하였습니다.

Q 17 언어발달의 골든타임이 지난 무발화 아이

언어발달의 골든타임이 지나도 무발화 아동이 말을 할 수 있나요?

A 무발화 아동이 말을 하게 될 가능성은 아동에게 동반된 장애의 특성과 중증도, 기질, 환경 등에 따라 달라질 수 있습니다. 따라서 아동의 개별 상황을 고려하면서 언어발달의 황금시간이 지나도 말을 할 수 있는 가능성은 열어 두어야 합니다.

무발화는 구어가 전혀 없거나 구어가 있어도 드물게 사용하고 자발적인 말이 전혀 없거나 제한되어, 한 낱말 또는 반향어로 말하는 경우를 말합니다(American Psychiatric Association, 2013). 본 질문의 답에서 무발화 아동은 7~10개 이하로 의미 있는 낱말을 산출하는 아동으로 정의합니다.

조기 개입과 언어치료 횟수도 중요합니다

언어발달의 황금시간이 지나서도 무발화 아동이 말을 할 수 있을지 부모의 마음은 조급합니다. 언어발달의 결정적인 시기가 지나면 발화 산출에 어려움이 있을 수 있기에 전문가들은 언어발달을 위한 조기 개입의 중요성을 강조합니다. 또한 무발화 아동에게 제공하는 언어치료 횟수도 중요한 요인입니다. 언어발달의 결정적 시기에서 더 멀어지기 전, 일주일에 2~3회 이상 치료를 받는 것이 좋으며 가정에서도 언어 촉진을 해 주어야 합니다.

먼저 무발화 아동의 말 산출과 관련된 예후 요인에 관하여 살펴보겠습니다.

말 산출 예후 요인(김영태, 2014)

① 개입 시기: 조기에 적극적으로 개입(언어치료)하였나요?
② 수용언어 능력: 사람의 말을 이해하는 정도는 어떠한가요?
③ 의사소통 의도: 다양한 의사소통 수단(말, 발성, 제스처, 표정 등)을 사용하여 자신의 의사를 표현하는 정도는 어떠한가요?
④ 자발적인 낱말 산출: 일관되게 산출하는 낱말이 있나요?
(물 → 울 / 밥 → 압 / 오줌- 시~ / 대답할 때- 네~ / 인사할 때- 안녀 / 콧물- 코 등)
⑤ 모방 발화 산출: 다른 사람의 말을 따라 하는 것이 가능한가요?
⑥ 공동주의(joint attention): 다른 사람과 함께 사물에 주의를 기울이고 관심을 보이나요?
⑦ AAC 도구 사용: AAC 도구를 사용하여 상호작용하고 있나요?

- 위 항목 중 해당 문항에서 긍정적인 답(개입 시기 빠름, 공동주의 좋은 편 등)이 많을수록 아동의 말 산출 가능성은 증가합니다.

실제 사례

연초록 아동의 배경정보(현재 초등학교 1학년)

초기 평가

아동은 3세 6개월 당시 REVT 검사의 수용어휘는 원점수 23점으로 등가연령 2세 6개월 미만, 백분위 18%ile로 '유의 요망' 수준이었다. 표현어휘는 원점수 1점으로 어휘 산출에 어려움을 보이며 '어휘 능력 발달지체'로 나타났다.

아동은 표현언어 지체와 더불어 조음장애가 동반되어 자극 반응도가 낮았고, 침을 많이 흘리는 모습이었다. 규칙과 순서 지키기의 어려움이 있었고 착석이 안 되었으며, 산만함과 과잉행동이 관찰되었다.

자발적으로 산출할 수 있는 낱말은 10개 이하였으며[엄마, 아빠, 무(물), 엉아(형), 우이(쿠키), 압(밥), 에(네), 이, 입], 6개월 전부터 타 기관에서 언어치료, 감각통합치료, 놀이치료 등을 시작하였다.

어린이집에서는 자기주장이 강해 친구와 많이 부딪히는 편이었으나 또래와 비언어적인 소통이 가능하였고, 본인이 좋아하는 미술 활동에서는 집중력이 좋았으며, 자조 기능 또한 양호한 편이었다.

진전도 평가

5세 7개월에 실시한 진전평가에서 수용어휘는 원점수 63점으로 등가 연령 6세 0~5개월, 백분위 60%ile로 정상 발달로 나타났고, 표현어휘 평가 또한 원점수 65점으로 등가 연령 6세 0~5개월, 백분위 35%ile로 나타나 정상 발달로 진단되었다.

앞의 사례에 언급된 초록이의 경우 중재가 다소 늦게 시작되었습니다. 어린이집 친구와 비언어적으로 소통 가능하며 자조 기능이 좋은 편이라, 말을 할 수 있을 것이라는 기대감으로 결정적인 치료개입이 지연되었습니다. 초록이처럼 늦게 중재를 시작했다면 언어치료 횟수를 늘려 적극적으로 임해야 합니다.

초록이의 경우 주 5회의 언어치료를 받았습니다(병원 언어치료실에서 2회, 사설 언어치료실에서 3회). 초록이가 처음 언어치료실을 방문했을 때 선호도를 파악하는 것이 중요하다고 판단되어 기성 장난감보다 창의적인 놀이로 아동이 좋아하는 것을 찾고자 했습니다. 귤껍질을 까서 접시에 담기, 콩 하나씩 컵에 떨어뜨리기, 물 따르기, 병뚜껑

맞추기, 샌드위치 만들기 등 기능적인 과제로 접근하여 상황을 묘사해 주며 언어 산출을 유도하였습니다. 그러던 중 종이컵 쌓기에 가장 흥미를 보여 여러 회기 동안 큰 컵, 중간 컵, 작은 컵으로 분류하고 컵을 높이 쌓으며 운율을 넣어 흥얼거리기도 하고 치료사와 좋은 라포를 형성해 나갔습니다. 미술 활동을 좋아해 화선지에 눕히고 아동의 몸 형태를 그리거나 손, 발 등을 그리며 색칠하는 놀이를 통해 신체 이름을 가르치니 말놀이의 재미를 느끼며 점차 착석도 가능하게 되었습니다.

언어치료 초·중반부에는 '발음'보다 '언어발달'에 좀 더 비중을 두어 치료하였고, 어휘 수가 증가하고 발화 길이가 늘어남에 따라 발음을 위해 더 많은 시간을 할애하였습니다. 침을 많이 흘리고 발음 명료도가 낮아 부모가 가정에서 매일 짧은 그림동화를 읽어 주고 따라 말하게 한 다음 녹음을 해서 치료실에 가져오도록 하였습니다(침을 흘리는 것은 침을 삼키는 것으로 일러 줌). 또한 아동이 6세가 되면서 한글을 조금 일찍 가르쳤고 일주일을 주기로 같은 동화(두 줄 정도의 짧은 동화)를 매일 반복해서 읽게 한 후 녹음을 하여 듣도록 하였습니다.

또래와의 문제 상황에서 적절히 반응하고 대처할 수 있도록 역할 놀이 또한 많이 하였습니다. 처음에는 아동이 무조건 회피하려고 하여 동화 속 주인공에 대한 역할 놀이, 뽀로로 인형을 모아 놓고 주제를 정하여 '소풍' '수영장 놀이' 등을 통해 사회적 상호작용 기술을 가르쳤습니다.

이렇듯 가정에서의 일관성 있는 노력과 치료실에서의 창의적인 활동, 역할 놀이 등을 통하여 언어를 촉진해 준 것이 초록이의 말 산출에 큰 도움이 되었습니다. 현재 초록이는 /ㄹ/ 유음과 마찰음 억양에서의 부자연스러움이 약간 남아 있는 정도이며, 초등학교에 입학하여 또래와 원활하게 대화를 주고받으며 즐겁게 생활하고 있습니다.

보완대체의사소통(AAC) 중재

의사소통의 제한은 아동의 정서적 어려움이나 도전적 행동으로 확대될 수 있기에 이러한 문제를 조기에 예방하는 것이 중요합니다. 그중 AAC를 활용하여 중재하는 방법이 유용할 수 있습니다. AAC는 말을 보완하거나 대체하는 방식을 도입하게 되는데 아동의 의사소통 의도 표현을 다양화하며 언어적으로도 발화를 촉진하는 긍정적인 면이 있습니다(Park, 2020, 2021).

Q16과 같이 AAC는 의사소통 그림판과 AAC 전용기기, 애플리케이션 등의 다양한 도구 사용이 가능합니다. 한 예로 '그림교환의사소통체계(PECS)'는 무발화 아동의 언어 발달을 돕는 수단입니다. 아동에게 원하는 것을 바로 해 주는 대신, 그림을 사용하여 원하는 것을 직접 요구하는 훈련을 통해 자연스럽게 의사소통 의도와 발화가 증가하게 됩니다. 또한 자발어가 가능해지면 PECS 소거를 최종 목표로 설정하게 됩니다. 아동이 의사소통의 즐거움과 상호작용의 패턴을 익혀가도록 AAC를 조기에 개입하는 것도 바람직한 방법일 수 있습니다(Beukelman & Light, 2020).

자녀의 마음을 격려하고 헤아려 주기

미세 먼지와 바이러스 감염 등의 이유로 실내에 머무르는 시간이 많아진 요즘, 미디어와 보내는 시간이 많아졌습니다. 특히 무발화 아동은 미디어 영상에 수동적으로 몰입하는 경향을 보이며 자기만의 세계에 빠지기도 합니다. 언어능력이 취약한 자녀에게 미디어 과노출은 언어발달에 부정적 영향을 미칩니다. 이 부분에 대해 부모는 신중해야 하고, 미디어보다 아동이 선호하는 놀이로 상호작용을 하며 즐겁게 놀아 주어야 합니다.

부모와 자녀 모두가 지칠 때 서로의 마음을 들여다보기

많은 부모가 자녀를 위해 꽉 짜인 스케줄에 맞춰 치료센터에 다니며 전력을 다합니다. 하지만 아동은 부모의 기대에 따르지 못하고 오히려 도전적 행동이 늘기도 합니다. 하루에 몇 개씩 치료를 받는 것이 아동을 힘들게 할 수 있습니다. 자녀를 이해하고 격려할 필요가 있습니다. 자녀의 발달 속도가 더딜 때, 부모 또한 지치고 에너지 소진을 경험하게 됩니다. 부모와 아동 모두가 지쳤다는 것은 지금까지 최선을 다해 달려왔다는 신호이기도 합니다. 자녀가 한 살 늘어갈 때 자녀의 자아도 강해져 감을 인정해야 합니다. 또한 자녀의 교육과 치료에 대해 전환해야 할 시기가 옵니다. 혹시 앞만 보고 달리느라 간과했을지도 모르는 부모 자신과 자녀의 마음, 정서적인 면을 함께 헤아려 보면 좋겠습니다.

가족 중에서 가장 힘든 사람은 당사자 아동입니다. 진심으로 힘들어하는 자녀를 안아 주고, 마음을 헤아려 주며, 정서적 교감을 할 사람은 부모밖에 없습니다. 자녀는 부모 품에서 정서적 안정을 찾습니다. 부모와의 정서적 교감과 친밀한 유대감은 그 어떤 치료사도 대신할 수 없는 더없이 좋은 치료제입니다.

감각이 열리는 자연에서 동력 찾기

콘크리트 공간과 미디어를 벗어나 숲길에서 느리게 걷는 것도 좋습니다. 일주일에 한 번쯤 '말을 틔우기 위한 정서와 감각 열기'라는 주제로 자연의 품에서 하늘을 보며 햇살과 산들바람을 느끼고, 흙길을 밟으면 몸의 감각이 열려 좋은 컨디션을 유지할 수 있습니다. 가족이 웃음을 되찾고 부모의 따뜻한 시선에서 아동은 사랑과 안정감을 느끼며 마음과 말문을 열어 갈 것입니다.

무발화 아동을 위한 의사소통 증진 방법

표 14 목표에 따른 의사소통 증진 방법

목표	내용
주의집중 유도하기	**아동이 선호하는 놀이와 장난감 활용하기** • 그림 그리기 활동, 뽀로로 놀이, 티니핑 옷 입히기 놀이 등 **간단하고 명료한 지시** • 엄마하고 유치원 가자 → 유치원 가 • 오늘 동화책 보자 → 책 보자 • 부정어 남용 지양 • 뛰면 안 돼 → 천천히 걸어 • 밥을 너무 빨리 먹지 마 → 천천히 먹어 **집중할 수 있는 분위기 마련하기** • 물건 없는 쪽을 바라보고 앉히기 • TV 끄기 • 자동차 및 외부 소음 차단하기 • 일정한 장소, 일정한 시간에 과제하기(예: 거실 테이블에서, 저녁 식사 후 8시에 동화책 보기) **배운 것을 반복적으로 연습하기** • 새로 배운 것 여러 번 반복하기 **이름 부르기와 인사로 눈 맞추기** • 부드럽게 아동의 이름 부르기 • 악수하기 • 손을 흔들어 인사하며 눈 마주 보기 **강화물 사용하기** • 무슨 놀이를 하고 싶은지 아동이 장난감을 골라 테이블 아래 갖다 놓기 • 주어진 과제를 마친 후 놀기로 약속하기

아동의 행동과 의사소통 의도에 민감하게 반응하고 말로 표현해 주기	**아동이 정수기 앞에 서 있을 때** "물 먹고 싶어?, 물~ 줘~" **현관문을 열려고 할 때** "밖에 나갈래?, 나가~" **밥통 앞에 서 있을 때** "밥 먹고 싶어?, 밥~ 줘~"
말 주고받기 상호작용 연습하기 • **아동이 산출한 낱말 활용하기** • **개방형질문보다 폐쇄형질문 사용하기**	**아동이 선호하는 관심사로 연습하기** 엄마: (완성된 퍼즐을 보며) 어머나! 지우(네)가 만든 거야? 아동: 네~ 지 우. 엄마: 이거 뭐 만든 거야? 와~ 이거 비행기구나. 비행기 맞지? 아동: 네~ 비 행 기. 엄마: 아~ 이번엔 지우 혼자 만든 거지? 아동: 네~ 지 우. 엄마: 이거 어디에 놓을까? 여기? 아동: 네 ~ 여 기. 엄마: 지우 최고! 멋있어! 파이팅 하자. 엄마 · 아동: 파이팅! (하이파이브)
모방하기	**어른이 먼저 아동의 발성과 동작 모방하기** 아동이 내는 혼잣말이나 발성처럼 입에서 나오는 소리와 동작을 똑같이 따라 함 **아동이 어른의 말소리와 동작 모방하기** 야호~, 반짝반짝, 만세, 깡충깡충, 윙크, 나비 훨훨, 사랑해 머리 위 하트, 어흥~ 등
사회적 상호작용 발달시키기	**상호작용 패턴 익히기** '그대로 멈춰라' 놀이 및 동요 부르기, 술래잡기, 공놀이, 시소 타기, 펭귄 얼음 깨기 등 재미있는 게임하기

낱말 산출 유도하기	**아동이 내는 소리에 의미 있는 물건이나 그림을 보여 주며 연결하기** • 자발적으로 "부부~" 소리를 냈다면 자동차를 보여 주며 "그래, 부부~ 붕~ 자동차"라고 말해 줌 • 아동이 "어어~" 했다면 그 소리를 낼 때마다 "어흥 어흥이라고 하는 거야? 그래~ 어흥~ 호랑이"라고 말해 줌
사회적 의사소통 증진을 위해 시각적 단서, AAC 사용하기	**시각 단서, 상징 사용하기** • 사진 찍어 시각 스케줄 만들기 • 다양한 음식 사진을 벽에 걸어 놓고, 먹고 싶은 음식 사진을 엄마한테 가져와 요구하기 • 오늘의 날짜 및 날씨 그림 이용하기 • 그림교환의사소통(PECS) 활용하기 • 보완대체의사소통(AAC) 사용하기 **'좋다, 맞다'라는 뜻이나 '허락' 표현하기** • "네~"라고 말하기, 고개 끄덕이기 • ○표가 그려진 판 들기 **'싫다'라는 뜻이나 '부정' 표현하기** • "아니"라고 말하기, 고개 젓기, 손사래 치기 • ×표가 그려진 판 들기

PART 2
말소리(조음) 관련

세상은 고통으로 가득하지만,
그것을 극복하는 사람들로도 가득하다.

- 헬렌 켈러

Q18 우리말 자음 습득 연령 및 명료도 향상을 도울 수 있는 방법

3세인데 주로 /ㄹ/, /ㅅ/에서 발음이 뭉개지고 아이가 말할 때 전반적으로 알아듣지 못하겠어요. 어떻게 해야 하나요?

A 3세에 /ㄹ/, /ㅅ/ 음소를 정확하게 산출하지 못하는 것은 발달 연령상 아직 완전 습득 시기가 아니기 때문입니다.

연령별 말소리 습득 시기는 연구자마다 다르지만 일반적으로 다음 〈표 15〉와 같습니다.

표 15 우리말 자음 습득 연령

완전 습득 연령	음소
2세	ㅍ, ㅁ, ㅇ
3세	ㅂ, ㅃ, ㄸ, ㅌ
4세	ㄴ, ㄲ, ㄷ
5세	ㄱ, ㅋ, ㅈ, ㅉ
6세	ㅅ, ㄹ

출처: 김영태, 신문자(2004).

발음이 뭉개지고 전반적으로 알아듣지 못하는 것은 음소 습득과 달리 말 명료도가 저하되어 그럴 수 있습니다.

명료도(intelligibility)란?

의사소통 상대가 말하는 사람의 말을 이해한 정도를 뜻하며, 이해 가능도라고도 합니다.

명료도 향상을 돕는 방법

개별 말소리는 연령에 맞게 습득하고 있지만, 말 명료도가 낮아 무슨 말인지 알아들을 수 없는 경우 다음과 같은 방법이 말 명료도 향상에 도움이 될 수 있습니다.

- 말 속도가 빠른 경우 천천히 말하는 연습하기
- 말소리가 너무 작아 알아들을 수 없는 경우 적절한 크기로 말하는 연습하기

Q19 초등학생인데도 발음이 부정확한 아이

초등학교 2학년인데 낱말과 짧은 문장으로 이야기할 때 발음이 부정확해요. 언어치료를 받아야 할까요?

A Q18의 내용을 바탕으로 우리나라 아동의 경우 빠르면 5세, 통상적으로 6세에 이르면 모든 자음의 말소리를 숙달하게 됩니다. 또래보다 늦는 경우라도 초등학교 1학년 초반에 /ㄹ/, /ㅅ/을 제외한 말소리를 습득하는 것이 일반적입니다. 초등학교 2학년인데 발음이 부정확하다면 언어치료 기관을 방문하여 상담을 받아 보시기 바랍니다.

치료가 늦어지면 발음이 고착화될 우려가 있습니다. 또한 아동이 자신의 발음에 문제가 있다고 인식하거나 또래 친구들이 아동의 발음 문제를 지각하게 된다면 말에 대한 자신감이 저하되어 의사소통에 부정적인 영향을 끼칠 수 있습니다.

특히 학령기임에도 말소리 능력을 완전히 습득하지 못한 경우에는 음운 인식 및 음운처리 영역에서도 어려움을 보여 학령기 필수 과제인 읽기 능력 발달이 또래보다 늦을 가능성이 있습니다(Gernand & Moran, 2007). 또한 말소리 발달 문제가 심각할 경우 수학적 연산이나 주의력 같은 타 영역에서도 어려움을 겪을 수 있습니다(서은영, 2023). 따라서 말소리 발달이 지연된 학령기 아동의 경우 발음 문제만을 고려하기보다 전반적인 언어발달 수준을 확인하고 음운 인식 능력 등을 함께 살펴볼 필요가 있습니다.

음운 인식 능력은 말소리를 인식하고 조작하는 능력을 말하며 음절 수준과 음소 수준으로 나누어 살펴볼 수 있습니다. 우리나라 아동의 음운 인식 발달 과정을 살펴보면 음절 수준의 경우 4세에 습득하기 시작하여 5세에 거의 완성되고, 음소 수준의 경우에는 6세경에 습득을 시작하는 것으로 알려져 있습니다(안성우 외, 2011). 우리는 다양한 과제를 통해 아동의 음운 인식 능력을 살펴볼 수 있습니다. 대표적인 예를 들면 〈표 16〉과 같습니다.

표 16 음운 인식 과제 유형

수준	과제 유형	예시	답안
음절 수준	음절 수 세기	/비행기/는 몇 개의 음절일까요?	세 개
	변별하기	/가지/, /가방/, /나방/ 중 첫소리가 다른 것은 무엇일까요?	/나방/
	합성하기	/물/과 /병/을 합치면 무슨 소리가 될까요?	/물병/
	대치하기	/가지/에서 /가/를 /바/로 바꾸면 무슨 소리가 될까요?	/바지/
음소 수준	음소 수 세기	/밥/에는 모두 몇 개의 작은 소리가 있을까요?	세 개
	변별하기	/돈/, /공/, /강/ 중 첫소리가 다른 하나는 무엇일까요?	/돈/
	합성하기	/ㄱ/에 /ㅐ/를 합치면 무슨 소리가 될까요?	/개/
	대치하기	/새/에서 /ㅅ/을 /ㅎ/으로 바꾸면 무슨 소리가 될까요?	/해/

음운 인식 과제 중 '음절 수 세기' 및 '소리 변별하기' 과제는 초등학교 1-1 국어 교과 중 한글 학습 과정에서도 등장하는 개념이므로 아동이 해당 능력을 습득하였는지 〈표 16〉의 예시 질문의 형태로 확인한 후, 아직 숙달되지 않았다면 도움을 주는 것이 필요하겠습니다.

가정에서 도와줄 수 있는 방법

1 음절 수 세기

- 음절 수만큼 손가락 접기, 손뼉치기, 스티커 붙이기, 책상 두드리기 등을 통해 음절 수 인식을 돕기

  예 "비행기"는 모두 몇 개의 음절일까?

  (엄마가 말하면서) "비(손뼉치기)" "행(손뼉치기)" "기(손뼉치기)"
- 한 음절부터 시작하여 음절의 길이를 점진적으로 늘려 가며 연습하기

2 소리 변별하기

- 같은 소리로 시작하는 단어 말해 보기
- 끝말잇기

Q20 말소리의 일반화가 부족한 아이를 돕는 방법

8세인데 '지, 치, 시' 발음이 잘 안 돼요. 책을 읽을 때는 괜찮은데 이야기를 할 때 유독 일반화가 안 됩니다. 이런 경우 어떻게 해야 하나요?

A 이 책 Q18에서 언급한 우리말 자음 습득 연령을 살펴보면 8세에는 /지/, /치/, /시/ 발음뿐 아니라 모든 말소리를 습득하여 오류 없이 산출할 수 있어야 합니다. 또한 언어발달에는 어려움이 없고 특정 발음에만 오류를 보이는 8세 아동이라면 아동이 말하는 언어의 길이는 문장에서부터 이야기까지 다양합니다. 또 대화 상대와 대화 상황은 셀 수 없을 정도로 다양할 것입니다. 따라서 오류가 있는 발음을 목표로 연습할 때는 무의미 음절 수준부터 대화 수준까지 언어적 길이를 늘려 나가며 훈련할 필요가 있습니다. 또한 여러 대화 상대와 다양한 상황에서 일반화할 수 있도록 계획을 해야 합니다.

일반화(generalization)란?

연습하지 않은 맥락에서도 목표 행동이 나타나는 것을 말하며, 일반화는 크게 자극 일반화와 반응 일반화로 구분할 수 있습니다.

1 자극 일반화

- 특정 자극에서 학습된 반응이 유사한 자극에서도 나타나는 것을 말합니다.

2 반응 일반화

- 연습하지 않은 상황에서도 목표 반응이 나타나는 것을 말하며, **언어 관련 반응 일반화**와 **상황 관련 반응 일반화**로 나눌 수 있습니다.
- 언어 관련 반응 일반화는 /ㅁ/ 음소의 오류가 있는 아동에게 어두 초성 /ㅁ/에 대한 정조음을 목표로 /무/를 훈련했더니 연습하지 않았음에도 어중 초성 /ㅁ/에 위치하는 /고무/에서도 /ㅁ/을 정조음하는 것을 예로 들 수 있습니다. 이를 **낱말 내 위치 일반화**라고 합니다. 또한 /무/를 안정적으로 습득한 후에는 /무서워/와 같은 낱말 수준에서 정조음하고, /물을 마셔/와 같은 문장 수준에서도 정조음하는 현상이 나타나는데 이를 **언어 단위 일반화**라고 합니다.
- 상황 관련 반응 일반화는 치료실에서 치료사와 연습한 목표 음소가 치료실 외 다른 상황으로 전이되어 나타나는 것을 말합니다. **상황 관련 반응 일반화**에는 **장소 일반화**와 **대상 일반화**가 포함됩니다.

앞 사례의 경우 첫째, /ㅈ/, /ㅊ/, /ㅅ/ 소리를 낱말이나 짧은 문장에서는 정조음하지만 이야기 혹은 긴 문장에서 오조음한다면 언어 단위 일반화를 위해 목표 음소가 포함된 발화의 길이를 점차적으로 늘리면서 **언어의 복잡성을 높이는 훈련**이 필요해 보입니다. 둘째, 책 읽는 상황에서는 정조음을 하지만 일반적으로 이야기할 때 오조음하는 것은 상황 일반화가 부족해 나타날 수 있습니다. 목표 음소를 책 읽기 외 다양한 상황에서 연습해 보는 것도 좋겠습니다.

일반화를 돕는 방법

말소리 치료에서 부모는 크게 두 가지 방법으로 도움을 줄 수 있습니다.

1 정보 제공

- 치료실 내에서 연습할 수 있는 목표는 한정적이므로, 치료사는 부모가 제공하는 정보를 바탕으로 치료 목표를 수립하거나 수정/보완하여 일반화를 도울 수 있습니다. 다음과 같이 정보를 제공하는 것이 도움이 될 수 있습니다.
- 아동의 일반화 정도를 모니터링하여 치료사에게 알려 주시기 바랍니다.

  예 친구 한 명과 대화할 때는 정조음을 하지만, 여러 명의 친구와 대화할 때는 오조음을 하는 경우, 집에서 문장 수준으로 말할 때는 정조음을 하지만 대화 상황에서는 오조음을 하는 경우
- 일상생활에서 빈번하게 오조음하는 낱말 혹은 문장을 기록하여 치료사에게 알려 주시기 바랍니다.

  예 집에서 오빠를 부를 때 "보빠"라고 함

  "만들어 줘"를 "만들러 줘", "미끄러워"를 "미끌러워"라고 할 경우

2 가정 내 훈련

- 치료실에서 확립한 목표를 가정에서 연습할 수 있습니다. 이때 어떤 방식으로 얼마나 연습할지에 대해서는 담당 치료사에게 교육을 받은 후 실시하는 것이 바람직합니다.
- 아동의 연령 및 목표 수준에 맞추어 담당 치료사와 연습 간격,

연습량, 연습 방법을 충분히 상의한 후 가정에서 도움을 주는 것이 좋습니다. 부모가 치료사와 논의 없이 하루에 30분 이상 집에서 발음 연습을 했다고 가정해 봅시다. 이때 아동이 이를 거부하는 상황이 발생할 수 있는데 그 이유는 과제가 아동의 수준에 맞지 않게 너무 어렵거나 기계적인 반복 연습이 지루할 수 있기 때문입니다. 또는 아동이 틀리게 발음했을 때 무작정 다시 말해 보라고 하거나 부정적인 피드백을 제공한 것 등이 원인일 수 있습니다. 이러한 상황이 반복될 경우 말소리 훈련에 대한 부정적 경험으로 이어져 부모와 자녀 관계에 악영향을 미칠 뿐 아니라 이후 언어치료에 대한 거부로 이어질 수 있습니다. 따라서 집에서 아동에게 도움을 주고자 할 때는 담당 치료사와 함께 '어떤 상황'에서 '어떤 목표'를 '얼마만큼(시간 또는 횟수)' 연습하면 좋을지를 먼저 상의하는 것이 좋습니다. 또한 아동이 오류를 보일 경우 정확한 산출을 위해 어떻게 도움을 주면 좋을지 치료사와 함께 구체적으로 의견을 나누시기 바랍니다.

Q21 설소대가 짧은 경우 어떻게 해야 할까

설소대가 짧으면 발음에 영향을 미치나요? 구강구조에 문제가 있는 것인지 병원에 가 봐야 할까요?

A 설소대가 많이 짧으면 발음에 영향을 미칠 수 있으며 특히 'ㄹ' 발음이 어려울 수 있습니다.

설소대가 짧으면 혀의 운동 범위가 제한됩니다

혀가 짧으면 발음이 나쁘다고 생각하기 쉽습니다. 그렇다면 어느 정도로 짧아야 문제가 되는 것일까요? 출생 시에는 혀가 짧은 편이라도 나이가 들면서 혀가 길어집니다. 그런데 혀 밑에 있는 설소대가 혀끝까지 붙어 있으면 혀의 운동 범위가 제한됩니다. 혀를 내밀어 보라고 하면 설소대가 혀의 중앙을 뒤로 잡아당겨 하트 또는 W 모양이 만들어집니다. 이러한 설소대 단축증은 주로 /ㄹ/조음이 활음[j, w]으로 대치되는 오류와 관련되고, 정도가 심할 때는 발음에 부정적인 영향을 미치게 됩니다. 설소대 단축증이 있어도 혀의 운동성이 좋으면 정확한 발음을 구사할 수 있기에 설소대를 잘라 주는 수술에 대해서는 찬반 의견이 분분하지만, 수술 후 "발음이 향상되었다."라고 보고하는 사례가 많습니다(김민정, 2021, p. 168).

/ㄹ/조음이 활음[j, w]으로 대치되는 오류의 예

- 라면 → 야면
- 호랑이 → 호양이, 호야니

설소대 단축증이 의심되는 경우 전문기관을 방문하여 구강구조 및 발음평가를 받아 보시기 바랍니다

그림 14 설소대가 짧은 경우

설소대 수술을 받더라도 말 운동 능력을 향상하려는 노력이 필요합니다

구강에는 입천장, 치아, 혀, 입술, 턱이 있는데 이를 조음기관이라고 합니다. 발음할 때 가장 중요한 기관은 혀이며, 특히 혀끝과 혀의 앞부분이 정확한 말 산출에 중요한 역할을 합니다. 앞에서 언급한 바와 같이 'ㄹ' 발음은 혀끝을 사용하여 소리를 내는데(혀끝이 앞 윗니 뒤의 잇몸에 닿음) 혀가 많이 짧은 경우, 정교하게 움직이지 못하기에 발음의 문제가 생길 수 있습니다.

"설소대 단축증의 수술 여부는 혀의 짧은 정도, 말소리 증상, 본인과 가족의 신념 등 다양한 사항을 고려하여 결정해야 합니다. 혀가 많이 짧지 않은데 말소리에 문제가 있는 경우라면 수술 여부와 관계없이 언어치료를 받는 것이 좋습니다. 만약 수술을 받더라도 말소리 문제가 저절로 개선되는 경우는 드물며, 조음기관의 말 운동 능력을 향상하기 위한 노력이 필요합니다."(김민정, 2021, p.170)

Q22 말소리를 연습하는 방법

발음 연습을 할 때 음절 하나하나를 끊어서 발음해야 하나요? 연음으로 자연스럽게 연습하는 것이 더 효과적일까요?

A **발음은 짧은 언어 단위부터 긴 언어 단위까지 연습하는 것이 일반적입니다. 그러나 개인의 장애 정도나 특성에 따라 긴 언어 단위를 선택해 연습하는 것이 효과적일 수도 있습니다.**

발음 연습은 개인의 수준과 상황에 따라 다를 수 있습니다

아동의 발음이 기질적 문제(예: 생리적인 차원, 운동 조절)에서 기인한 것인지, 기능적 문제(예: 조음기관의 구조적·신경학적 문제없음, 잘못된 조음 습관)에서 기인한 것인지 알아보는 것이 좋습니다. 또한 발음 검사와 자극반응도(오류를 보인 음소에 대해 단서를 제공했을 때 바르게 산출할 수 있는 능력)에 따라 발음 패턴을 관찰하고, 개별 음소와 연쇄 소리 산출 시 어느 정도 맥락의 영향을 받는지 파악해야 합니다.

중증 장애로 인해 발음의 오류가 심한 아동이나 동시조음이 부정확한 아동이 연음을 힘들어한다면 처음에는 음절별로 하나하나 끊어서 연습하도록 해 주시기 바랍니다. 입 모양과 혀의 위치를 배우며 좀 더 정확하게 발음을 연습할 수 있습니다. 충분히 연습하여 일정 수준에 도달했을 때 이어서 말하는 연습을 하는 것이 효과적입니다. 짧은 언어 단위인 음소, 음절, 낱말로 시작하여 점차 긴 언어 단위인 구와 문장 수준으로 단계를 높이면서 연음을 가르치면 됩니다. 한두 음소에서 조음의 오류를 보이는 심하지 않은 경우라면 자연스럽게 긴 언어 단위로 시작할 수 있습니다. 특히 말소리 장애가 아닌 자폐스펙트럼장애 아동이나 언어발달의 문제만을 지닌 아동의 경우에는 자연스럽게 연음으로 연습하는 것이 바람직합니다.

짧은 언어 단위와 긴 언어 단위 및 동시조음의 예는 〈표 17〉과 같습니다.

표 17 언어 단위의 예

짧은 언어 단위	긴 언어 단위
① 음소: 악어 ㅇ, ㅏ, ㄱ, ㅇ, ㅓ ② 음절: 가방 [가] [방] ③ 낱말: 하마 [하마]	④ 구절: 악어 물에 들어가 [아거 무레 드러가] ⑤ 문장: 하마가 물에 들어간다 [하마가 무레 드러간다]

※ ① 음소에서 'ㅇ'의 음가는 없으나 이해를 돕기 위해 넣음

※ [ ] 안에는 실제로 산출해야 할 발음을 표기함

자연스럽게 연음으로 연습하기

동시조음

- 특정 음운 특성이 인접한 음운의 기본 음가에 영향을 미치는 현상
- 예 침대

'침대'는 'ㅊ, ㅣ, ㅁ, ㄷ, ㅐ'로 구성됨. 'ㅁ' 발음이 완료되는 즉시 'ㄷ' 발음이 나오도록 자연스럽게 연결해서 발음해야 합니다. 동시조음이 어려운 아동은 '치때'라고 발음하기도 합니다. 이런 경우 [침—대]로 끊어서 가르치는 것이 효과적입니다.

음절로 하나하나 끊어서 가르칠 경우 단조롭고 부자연스러운 어투가 형성되는 데 비해 연음으로 가르치면 훨씬 자연스러운 흐름을 따라갈 수 있습니다. 자연스럽게 연결되는 연음은 실질적인 말의 리듬이나 운율을 습득할 수 있어 대화를 원활하게 이끄는 장점이 있습니다.

PART 3
유창성(말더듬) 관련

다를 뿐, 열등하지 않다.

- 템플 그랜딘

Q23 언어치료 과정에서 말더듬이 생긴 아이

조음 치료 중인데 아이가 갑자기 말을 더듬어요. 원래 말더듬이 없었는데 갑자기 문장 중간에 "그래서 서 서" 이런 식으로 두 번 정도 반복해요. 앞 문장이 아니라 뒷부분을 반복하는 경우도 있나요?

A 조음 치료의 목표가 /ㅅ/인 경우, 아동이 자기 피드백이 가능한 정도의 수준이라면 목표 음소를 정확히 말하고자 천천히 반복해 말할 수 있습니다. 더불어 말소리 능력뿐 아니라 언어발달이 또래보다 늦다면 언어능력이 향상되면서 일정기간 말을 더듬는 현상이 나타날 수 있습니다. 아동이 말을 배우는 2~7세 사이에 언어능력이 증가하면서 말을 더듬는 경우가 종종 발생합니다.

앞의 경우가 아니라면 다음 내용을 참고하여 아동의 생활연령과 언어발달 수준, 말더듬 형태의 빈도, 지속 기간 등을 살펴보면서 전문가와 상의하는 것이 필요합니다.

말더듬이란?

학자마다 말더듬을 정의하는 기준이 다를 수 있으나 일반적으로 다음의 내용을 포함합니다.

① 구어 유창성의 단절

② 짧은 말의 단위(음소, 음절, 단음절 낱말)에서 불수의적이며 들리

거나 혹은 들리지 않는 조용한 반복 또는 연장

③ ①, ②가 자주 발생하거나 눈에 띄며, 말더듬을 통제하기 어려움

④ 부수적인 행동이 나타남(예: 말을 더듬을 것 같을 때 머리를 흔드는 행동, 말이 막힐 때 발로 바닥을 쿵 치는 행동)

⑤ 부정적인 감정이 나타남

말에서 나타나는 비유창성은 정상적 비유창성과 병리적 비유창성으로 나눌 수 있으며, 이 둘의 변별 기준은 〈표 18〉과 같습니다. 다음 표의 내용을 참고하여 해당하는 사항이 많다면 말더듬을 의심해 볼 수 있습니다.

표 18 병리적 비유창성과 정상적 비유창성의 구분

유형	병리적 비유창성	정상적 비유창성
음절 반복	• 낱말당 빈도가 2회 이상일 경우	• 낱말당 빈도가 2회 이하일 경우
	• 100낱말당 반복하는 빈도가 2회 이상	• 100낱말당 반복하는 빈도가 2회 이하
	• 말의 속도가 정상보다 빠른 경우	• 말의 속도가 정상인 경우
	• 반복이 불규칙적으로 나타날 경우	• 반복이 규칙적인 경우
	• 모음의 반복이 종종 나타나는 경우	• 모음의 반복이 없거나 드문 경우
	• 공기의 흐름이 종종 방해받음	• 공기의 흐름이 거의 방해받지 않음

연장	• 말의 연장이 1초 이상	• 말의 연장이 1초 이하
	• 연장의 빈도가 100낱말당 1회 이상인 경우	• 연장의 빈도가 100낱말당 1회 이하인 경우
	• 연장이 불규칙하거나 방해받는 경우	• 연장이 부드러움
	• 긴장이 나타날 때 두드러지는 경우	• 긴장이 없음
	• 유성음에서 음도 고조가 보이는 경우	• 유성음에서 음도 고조가 보이지 않는 경우
	• 무성음 산출 시 공기 흐름이 방해받는 경우	• 무성음 산출 시 공기 흐름이 정상임
	• 말의 종료가 갑작스러운 경우	• 말의 종료가 점진적인 경우
막힘	• 낱말 내에서 막힘이 나타날 수 있음	• 낱말 내 막힘이 없음
	• 말을 시작하기 전 가끔 길게 막힘이 나타남	• 말 시작하기 전 막힘이 거의 나타나지 않음
	• 비유창한 후 막힘이 나타날 수 있음	• 없음
발성	• 발성의 억양이 제한됨(단조로운 톤)	• 발성의 억양이 정상적임
	• 발성의 시작이 나타날 수 있음	• 없음
	• 성대 떨림이 나타날 수 있음	• 성대 떨림이 전혀 없음
조음 자세	• 조음 자세가 부적절할 수 있음	• 조음 자세가 적절함
스트레스 반응	• 스트레스 상황에서 무너지는 낱말이 더 많음	• 스트레스 상황에서 정상적 비유창성

말더듬 인식	• 자신의 말더듬을 인식할 수 있음	• 자신의 말더듬을 인식하지 않음

출처: Manning (2009), p. 43.

Q24 말더듬 아이, 심리치료를 받아야 할까

말더듬이 한 달째 지속되고 있는데 심리치료를 권유받았어요. 효과가 있을까요?

A 학자들은 말더듬이 심리적 문제로 발생하는 것이 아니라고 주장합니다. 아동이 말을 더듬게 되면 주변에서 민감하게 반응할 수 있고 이로 인해 불안이나 위축과 같은 심리적 문제가 나타날 수 있습니다. 아동의 삶에 미치는 말더듬의 영향을 최소화하고 자연스러운 유창성을 돕기 위해 심리치료의 기회를 마련해 주는 것도 도움이 될 수 있습니다.

언어치료 전문가와 상담하는 것이 필요합니다

말더듬을 치료하려면 전문 언어치료 기관을 방문하는 것이 가장 효과적입니다. 언어치료사는 치료는 물론, 부모에게 아동의 말더듬 문제를 적절히 이해하도록 돕고, 유창성을 유도하기 위한 정보를 제공해 줄 것입니다. 아동이 자신의 말더듬을 인식하는지 또는 유치원(학교) 환경에서는 어떠한지에 대해 다음 사항을 중심으로 언어치료 전문가와 긴밀히 협력하며 중재해 나가야 합니다.

- 말더듬은 언제 시작되었나요?
- 촉발된 계기 사건이 있다고 여겨지나요?

- 주요 말더듬 문제는 어떠한 것이 있나요?
- 말더듬 문제가 특히 심하게 나타나는 음소나 상황이 있나요?
- 말더듬 문제가 시작된 이후 어떤 변화가 나타났나요?
- 말더듬 문제를 해결하기 위해 어떠한 노력을 했나요?
- 말을 더듬는 가족 혹은 친척이 있나요?
- 말더듬 외에 언어 문제는 없나요?
- 아동과 부모의 성격은 어떠한가요?

출처: 권도하 외(2012).

스트레스는 아동의 말더듬을 악화시킬 수 있습니다. 따라서 아동이 스트레스를 받지 않도록 배려하는 것이 중요합니다. 아동이 스트레스를 느낄 수 있는 말과 언어 환경은 다음 〈표 19〉와 같습니다(이승환, 2005).

표 19 스트레스를 느끼게 하는 말과 언어 환경

스트레스를 느끼게 하는 어른의 말	스트레스를 느끼게 하는 언어 환경
• 빠른 말 속도 • 복잡한 문장 구조 • 이중 언어 사용	• 경쟁적으로 말을 할 때 • 다른 사람의 잦은 방해가 있을 때 • 말을 남달리 잘한다는 것을 자랑할 때 • 듣는 사람이 자기 말에 관심을 갖지 않을 때 • 급히 말을 해야 할 때 • 말을 하는 동안 자주 질문을 받을 때 • 흥분해서 말을 할 때 • 말해야 할 내용이 많을 때

말더듬에 대한 간접치료와 직접치료

간접치료는 아동이 말더듬에 대한 인식이 없고 치료 초기일 때 효과적인 방법입니다. 간접치료는 치료사의 도움을 받아 가족 간 상호작용, 환경 개선 등을 통해 아동의 말더듬을 완화시키고자 합니다. 직접치료는 간접치료 후 아동의 말이 유창해지지 않거나 자신의 말더듬을 인식하고 근육의 긴장을 보이는 경우 택할 수 있는 치료 방법입니다.

말더듬의 원인

말더듬은 선천적인 요인과 후천적인 요인의 상호작용 속에서 발생한다고 알려져 있습니다. 선천적인 요인은 신경생리학적 요인과 인지언어학적 요인으로 나뉩니다. 또한 후천적인 요인은 심리적 요인과 학습적 요인으로 구분됩니다. 말더듬 발생에 관한 이론을 정리하면 다음과 같습니다([그림 15], 〈표 20〉 참고).

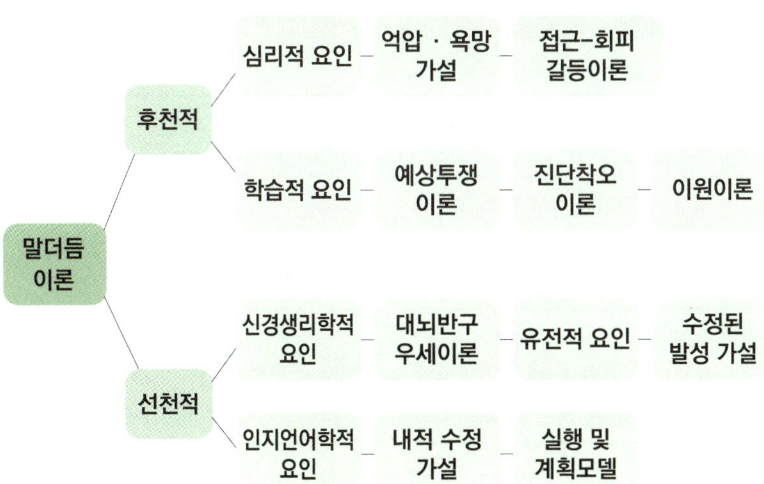

그림 15 말더듬 이론 요약표

표 20 말더듬 이론

내용
접근-회피갈등이론 말을 하려는 동기와 말을 하지 않으려는 동기 사이에서 갈등하다가 발성의 시간을 놓치고 말을 더듬게 됨
억압 · 욕망 가설 말더듬은 억압된 무의식과 억제된 욕망 사이의 갈등에 의해 발생함
수정된 발성 가설 성대의 비효율성, 과도한 성대내전이 말더듬의 원인임
예상투쟁이론 말더듬은 학습된 행동으로, 말하는 것이 어렵다고 생각하고 점차 말로 인한 스트레스로 인해 말더듬이 시작된다고 봄
진단착오이론 "말더듬이 부모의 귀에서 시작된다."라는 말에서 알 수 있는 바와 같이 정상적인 유창성에 대해 과도한 반응을 하면서 말더듬이라고 진단하는 데에서 아동의 말더듬이 시작된다고 봄
이원이론 말더듬의 핵심행동과 관련된 부정적 정서는 고전적 조건화의 결과임. 말더듬의 부수행동은 조작적 조건화의 결과임
대뇌반구 우세이론 • 대뇌반구에서 신경자극을 받는 말 산출 근육은 적절한 협응을 위해 한쪽 반구가 다른 쪽 반구를 지배하게 됨 • 말을 더듬는 사람은 양측 뇌의 지배를 받게 되어 구어 산출을 위한 근육에 신경충격을 주어 구어를 방해하는 원인이 된다고 봄
내적 수정 가설 모든 화자는 말을 하기 전 자기의 말을 확인하고 오류를 탐지하여 수정하지만 말더듬이 있는 사람은 음운 부호화 능력이 부족하여 오류가 발생할 확률이 커짐

기타 이론
다요인 이론(요구용량 이론) 유창성에 대한 외부적 압력 · 요구가 아동이 지니고 있는 능력을 넘어설 때 비유창성이 발생함
의사소통실패 어려움 예측 이론 의사소통의 실패로 좌절이 쌓여 말하는 것을 두려워하게 되고, 말을 할 때면 스스로 어렵다고 예측하는 데서 말더듬이 발생함

출처: 권도하 외(2012), 이승환(2005), Manning (2009).

말더듬의 원인으로 많은 학설이 존재합니다. 화산 아래 많은 일이 일어나는 것처럼 두 가지 이상의 요인으로 말더듬이 발생한다고 주장하는 학자도 있습니다(권도하 외, 2012). 다음 표를 참조하시기 바랍니다.

표 21 두 가지 이상의 요인으로 말더듬이 발생한다고 주장하는 학자

학자	주장의 내용
Conture	아동의 용량(능력)이나 환경 중 하나의 요인으로는 말더듬이 발생하지 않음
Andrews	태내와 출생 후 개인의 독특한 환경요인이 29%의 영향을 미치는 반면, 전반적인 환경요인은 71% 정도 영향을 미침
Guitar	생득적 요인이 발달적, 환경적 요인과 상호작용함으로써 말더듬 현상이 촉진됨

최근에는 말더듬의 원인을 찾고자 뇌영상 기술(예: CT, MRI, PET)을 활용하고 있습니다. 장수은(2022)은 뇌의 구조와 활성화를 보여주는 MRI 연구를 통해 말을 더듬는 사람은 말을 더듬지 않는 사람과 뇌 구조의 연결망 레벨에서 차이가 있음을 확인했다고 합니다.

말더듬과 정서 및 심리 문제

Van Riper(1982)는 수백 명의 말을 더듬는 사람들 중 아주 적은 수만이 심각한 정서적 문제를 가지고 있었고, 그들 대부분은 확실히 말을 더듬었으며, 핸디캡으로 작용할 수 있는 정서적인 문제도 보였다고 밝혔습니다. 그러나 직접적으로 관련 있는 뿌리 깊은 정서적 문제를 보인 사람은 거의 없었다고 주장합니다(이승환, 2005).

말더듬에 대한 신경, 정신분석학적 설명은 또한 억압-욕망 가설로 불리곤 합니다. 이 가설은 말을 더듬는 것은 억압되고 신경증적이며 무의식적인 갈등 때문이라고 보았습니다. 특정한 말과 행동을 변화시키기 위해 심리치료와 언어치료를 결합한 말더듬 치료에 정신분석학적 접근을 사용해서 성공한 사례는 거의 없다고 합니다. 또한 정신분석학적 방법이 말더듬을 치료하는 데 '특별히 도움이 된다'라는 것을 믿지 않는다고 합니다.

Manning(2009)은 말을 더듬는 사람에게 말더듬의 원인이 될 특징적인 성격 특성은 없으며 특히 성격장애가 없다는 것을 제시하기도 했습니다.

말더듬의 발생 시기와 자연 회복

아동의 말더듬 발생 시기는 두 낱말을 조합한 문장을 산출하기 시작하는 때부터 사춘기 시작 즈음(11~12세)까지입니다. 말더듬이 시작되는 시기 가운데서도 2세에서 5세까지의 발생빈도가 제일 높습니다. 이 시기는 어휘 습득이 급격히 증가하고, 낱말을 이어 만들게 되면서 문법적인 기능이 나타나는 등 언어발달이 '폭발적'으로 진전되는 시기와 일치합니다(이승환, 2005).

또한 말더듬의 자연 회복을 연구한 국내 논문에 따르면, 말더듬이 시작된 아동의 75~85%는 치료적 도움 없이 7세 이전에 자연 회복이 되고, 나머지 15~25%는 말더듬을 지속한다고 합니다(이수복, 박혜연, 심현섭, 2019).

아동의 말 유창성을 돕기 위한 기회 제공

DSM-5(American Psychiatric Association, 2013)에서 유창성장애는 말하기에 대한 불안을 일으키거나 효과적인 의사소통, 사회참여 또는 학업적 수행 중 단일 또는 여러 기능상의 제한을 나타낸다고 기술한 것처럼 말더듬은 두려움과 수치심, 낮은 자존감으로 인해 심리적인 스트레스를 동반하기도 합니다. 언어치료사에게 아동의 심리치료를 권유받았다면 치료사는 그 아동에게서 말더듬으로 인한 불안감이나 위축을 직면하고 심리치료를 권했을 것입니다. 심리치료를 통해 아동에게 미치는 말더듬의 영향을 최소화하고 자연스러운 유창성을 돕기 위해 자신의 사고와 태도를 탐색할 수 있도록 아동에게 기회를 주는 것은 바람직하다고 여겨집니다.

아동의 말더듬 회복을 돕는 방법

- **거북이처럼 느리게 말하는 습관이 필요합니다.**

부모가 매사 행동도 빠르고, 말 속도가 빠르다면 거북이를 연상하며 행동도 느긋하게 하고 대화 속도를 낮춰서 천천히 말하는 습관이 필요합니다.

- **개방형 질문보다는 폐쇄형 질문이 좋습니다.**

범위가 넓은 개방적 질문은 줄이는 것이 좋습니다.

예 동화를 읽고 무엇을 느꼈니? → 동화에서 제일 마음에 든 장면은 어떤 거야?
오늘 유치원 어땠어? → 유치원에서 뭐할 때 가장 재미있었니?

- **아동이 자기 의견을 끝까지 말하도록 시간을 주는 것이 필요합니다.**

대화 시 아동이 말하는 차례에 부모님이 끼어들어 말더듬을 바로잡아 주려 하거나 틀린 정보를 수정하기보다는 끝까지 들어 주어 아동이 자기의 말을 완성함으로써 긍정적 성취를 느낄 수 있게 도와주시기 바랍니다.

- **아동이 말을 더듬을 때 당황하거나 염려하는 등의 표정 노출을 자제하는 것이 필요합니다.**

실망스러운 표정은 보이지 않는 것이 좋으며, 자녀가 함께 있는 공간에서 다른 사람에게 자녀의 말더듬에 관해 속상함을 이야기하는 일은 지양해 주시기 바랍니다.

Q25 말더듬의 회복 가능성

말더듬은 유전인가요? 회복이 가능한가요?

A 말더듬은 유전적 요인이 작용할 수 있으며, 아동의 말더듬은 회복될 가능성이 높습니다.

말더듬과 유전

유전적 소인으로 인해 말더듬이 발생하는가에 관한 연구 중 가계력에 대한 연구가 있습니다. 말더듬의 가계력에 대한 연구의 일반적인 결론은 세 가지로 요약할 수 있습니다.

- 첫째, 말을 더듬지 않는 사람보다 말을 더듬는 사람의 가계에서 말을 더듬는 가족이나 친척을 갖고 있는 비율이 더 높습니다.
- 둘째, 말더듬이 발생할 가능성은 4:1 비율로 남자가 여자보다 높습니다.
- 셋째, 말을 더듬는 여자의 경우가 남자보다 그 가계에 말을 더듬는 가족이나 친척이 더 많은 것으로 나타납니다. 또한 유전적 소인의 쌍둥이 연구에서는 이란성 쌍둥이보다 유전인자가 똑같은 일란성 쌍둥이에서 한 명이 말을 더듬으면 다른 한 명도 말을 더듬을 가능성이 더 높이 나타납니다(이승환, 2005).

신문자와 이성은(2002)은 유창성장애의 가계력을 조사 분석한 결과 전체 대상자의 55%에서 가계력이 나타났다고 보고하였습니다. 또한 말더듬 시작 연령은 가계력이 있는 경우가 없는 경우보다 빨라서 가계력이 있는 경우는 70%, 가계력이 없는 경우는 60%가 5세 이전에 말을 더듬기 시작했다고 합니다(신문자, 이성은, 2002).

말더듬 회복률

초기 말더듬은 대체로 발생 후 3년 이내에 최대 80%는 회복되며 20%는 학령기까지 말더듬이 지속되기도 합니다(Yairi & Ambrose, 2005).

일반 아동들에게서도 비유창성이 나타나지만 모든 아동이 말더듬이 되는 것은 아닙니다. 치료를 받지 않아도 자연스럽게 정상적인 상태로 돌아갈 수 있는데 이것을 '자연 회복'이라고 합니다. 자연 회복은 말더듬 시작부터 3년 사이에 주로 이루어집니다. 그러나 사춘기 이후 또는 아동이 자신의 말더듬을 자각하고 두려움이나 회피가 나타나게 된 이후에는 회복이 어려운 것으로 알려져 있습니다(권도하 외, 2012).

회복 가능성과 말더듬으로 진행될 가능성

말을 더듬기 시작한 아동의 자연 회복 가능성은 아동이 보이는 말더듬 특징과 관련이 있습니다. 회복 가능성이 있는 아동은 낱말이나 음절을 가끔 반복하거나 짧게 머뭇거리는 경우가 있습니다. 반면 회복 가능성이 적은 아동은 말을 반복하는 횟수가 많고 한 번 반복할 때 긴장하여 낱말의 일부분을 여러 번 반복합니다. 또한 아동의 말에서 연장과 막힘이 나타날 경우 이를 말더듬 지속의 지표로 삼을 수 있습니다. 한편 말더듬 회복집단은 말더듬 초기에 비유창성 빈도와 중증도가 최고에 달하다가 1년 이내에 완화되는 경향을 보입니다. 반면에 말더듬 발생 후 1년 동안 말더듬 수준이 일정하게 유지된다면 말더듬이 지속될 가능성이 높다고 볼 수 있습니다. 이것을 표로 정리하면 다음 〈표 22〉와 같습니다.

표 22 말더듬 회복 증상과 말더듬 지속 증상

청신호 – 회복 증상	적신호 – 지속 증상
• 만성적 말더듬의 가족력 없음	• 만성적 말더듬의 가족력 있음
• 말을 더듬었다가 회복된 가족이나 친척이 있음	• 계속 말을 더듬는 가족이나 친척이 있음
• 여자	• 남자
• 말더듬 시작 1년 이내에 비유창한 말 감소	• 말더듬 시작 후 1년 이내 비유창한 말 빈도에 변화가 없거나 증가함
• 말더듬 시작 후 1년 이내로 말을 더듬음	• 말더듬 시작 후 1년 이상 말을 더듬음(특히 여자 아동)
• 낱말이나 음절을 가끔 반복함	• 말을 반복하는 횟수가 많음
• 반복의 속도가 느림	• 반복의 속도가 빠름
• 머뭇거림이 짧음	• 한 번 반복할 때 긴장하여 낱말의 일부분을 여러 번 반복하고 말을 연장하는 시간이 길게 나타남
• 말더듬이 일찍(2~3세) 시작되었고 표현 언어능력이 뛰어남	• 말더듬이 늦게(3~4세) 시작되었고 음운 발달이 지체됨
• 동반된 학습 또는 의사소통 문제가 없음	• 학습 또는 의사소통 문제가 동반됨
• 아동 또는 부모의 비유창성에 대한 반응이 거의 없음	• 아동이나 부모가 비유창성에 대해 크게 반응함

출처: 권도하 외(2012), Yairi & Ambrose (2005).

이수복과 박혜연, 심현섭(2019)은 초기 말더듬 아동의 종단연구에 대한 문헌 고찰에서 말더듬 회복 문제를 다루었습니다. 이들 연구자는 비유창성의 특성, 아동의 조음 속도, 부모 특성 이 세 가지가 말더듬을 예측할 수 있는 가장 중요한 요인이라고 강조하였습니다.

PART 4
자폐스펙트럼장애 관련

어린이의 첫 번째 행복은
자신이 사랑받고 있다는 것을 아는 것이다.

- 돈 보스코

Q26 우리 아이 자폐일까

우리 아이가 자폐일까요?

A 발달이 느리며 눈 맞춤 빈도가 적고 한 가지 사물에만 관심을 보인다고 해서 모두 자폐는 아닙니다.

DSM-5에 의하면 자폐스펙트럼장애의 진단 기준은 다음과 같습니다(권준수 외, 2015, pp. 50-51). 다음 내용 중 상당수 부합한다면 전문의료기관을 방문해 볼 것을 권유합니다.

1 다양한 영역에서 발현되는 사회적 의사소통 및 사회적 상호 작용의 지속적인 결함

① 사회적 - 감정적 상호성의 결함

예 다른 사람과 관계를 맺고 생각과 감정을 공유하는 것의 어려움

② 사회적 상호작용을 위한 비언어적 의사소통 행동의 결함

예 눈 맞춤이 안되거나 적음, 특이한 억양, 물건을 가리키거나 보여 주고 가져오는 행동이나 다른 사람이 손가락으로 가리키거나 바라보는 것을 함께 보는 행동이 나타나지 않음

③ 관계 발전, 유지 및 관계에 대한 이해의 결함

예 어린 아동의 경우 사회적 놀이나 모방의 결여, 고정된 규칙을 따르는 놀이의 고집 등

2 제한적이고 반복적인 행동 또는 흥미

① 상동적이거나 반복적인 운동성 동작 또는 물건의 사용 혹은 말하기

예 손 흔들기, 장난감 줄 세우기, 이전에 들었던 말을 반복하는 반향어 등

② 동일성에 대한 고집, 일상적인 것에 대한 융통성 없는 집착, 또는 의례적인 언어나 비언어적 행동 양상

예 사소한 변화를 받아들이기 어려움, 경직된 사고 방식 등

③ 비정상적인 극도로 제한되고 고정된 흥미

예 자동차에 강한 애착을 보이거나 숫자에 몰입된 아동 등

④ 감각 정보에 대한 과잉 또는 과소 반응 혹은 감각 영역에 대한 특이한 관심

예 과도하게 물건의 냄새를 맡거나 만지려고 함, 혹은 빛이나 회전하는 물체에 매료됨, 특정 소리나 질감에 대한 과한 반응 혹은 이러한 감각에 대한 명백한 무관심 등

3 증상은 반드시 초기 발달 시기부터 나타나야 함

4 이러한 증상은 사회적, 직업적 또는 다른 중요한 현재의 기능 영역에서 임상적으로 뚜렷한 손상을 초래함

5 이러한 장애는 지적장애 또는 전반적 발달 지연으로 더 잘 설명되지 않음

Q27 반향어 빈도가 높은 아이

자폐아이라 반향어가 심한 편인데 집에서 부모가 어떻게 대화하고 어떤 자극을 줘야 하나요?

A 반향어(echolalia)를 소거해야 할 문제행동으로 보기보다는 아동의 의사소통을 위한 행동으로 인식해야 합니다.

말을 시작한 대부분의 자폐스펙트럼장애 아동은 다른 사람의 말을 들은 즉시 모방하는 즉각 반향어와 이전에 들었던 말의 낱말이나 일부를 나중에 모방하는 지연 반향어를 사용하게 됩니다.

일반 아동의 반향어는 생후 9개월경에 출현하여 2~3세가 되면 언어능력의 발달과 더불어 급격히 감소하게 됩니다. 하지만 자폐스펙트럼장애 아동의 반향어는 좀 더 늦은 나이에 시작되어 오랜 기간 의사소통의 수단으로 사용되는 경우가 많습니다. 자폐스펙트럼장애 아동에게 반향어는 언어 습득으로 가는 첫 단계이며 사회적 상호작용을 유지하는 의사소통의 기능이 될 수 있습니다.

반향어의 기능

자폐스펙트럼장애 아동이 사용하는 즉각 반향어는 무엇인가 이해한다는 기능적 목적으로 사용되기도 하고, 지연 반향어는 다양한 방식으로 사회적 상호작용을 위해 사용되기도 합니다(〈표 23 참고〉).

표 23 반향어의 의사소통적인 기능

즉각 반향어의 기능적 범주	
범주	설명
상호작용적	**말 차례 주고받기: 언어적인 상호교환의 지속** 선생님이 "수업 시간이야, 자리에 앉아야 해요."라고 말하면 아동이 "자리에 앉아야 해요."라고 반복함으로써 대화를 이어 가려는 의도를 나타냄 **진술: 사물, 행위, 장소의 명명** 엄마가 "우리 지금 공원에 가는 거야."라고 말하자, 아동이 "공원에 가는 거야."라고 말하며 들은 정보를 말함 **긍정 대답: 긍정의 표시** "아이스크림 먹을래?"라는 질문에 아동이 "아이스크림 먹을래!"라고 긍정적으로 말함 **요청: 사물 또는 다른 사람의 행위를 요구** 간식시간에 선생님이 아동에게 "쿠키 먹고 싶으면 말해."라고 하면 아동이 "쿠키 먹고 싶어."라고 요청함
비상호작용적	**비초점적: 불분명한 의도로 기계적으로 산출됨** TV 광고나 드라마에서 들은 대사를 상황과 무관하게 반복함. 예를 들면, 수업 중에 "새로운 향기, 새로운 느낌"이라고 말함 **시연: 과정적인 도움으로 발화나 행위가 뒤따름** 엄마가 "손 씻으러 가자."라고 한 후 아동이 "손 씻으러 가자."라고 반복하며 실제로 손을 씻으러 가는 행동을 보임 **자기 조정: 자신의 행위를 조절하기 위하여 나타남** 아동이 불안할 때 자신의 행위를 조절하기 위해 "괜찮아, 괜찮아."를 반복함

지연 반향어의 기능적 범주	
범주	**설명**
상호작용적	**말 차례 주고받기: 언어적인 상호교환의 지속** 아동이 어제 들었던 엄마의 말 "밥 먹을 시간이야."를 다음날 식사 시간에 말하며 대화를 시작함 **완결: 다른 사람에 의해 시도된 친숙한 상투어 완결짓기** 가족과 영화를 보다가 등장인물이 "그건 정말 멋져."라고 말하는 장면을 보고, 아동이 같은 말을 다시 사용하여 영화 속 대사를 완성함 **정보 제공: 분명히 알 수 없는 새로운 정보 제공하기** 지난 주말에 동물원에서 아빠한테 들은 정보를 갑자기 말함. "코끼리는 코로 숨을 쉬고 물을 마셔요." **명명하기: 사물, 행위 명명하기** • 이전에 들었던 사물의 이름 말하기 • 집에서 "이건 스푼이야."라고 배운 후, 레스토랑에서 스푼을 보고 "이건 스푼이야."라고 말함 **항의: 다른 사람의 행위를 금지하거나 항의하기** 누군가 장난감을 가져가려고 하자 "그건 내 거야."라고 이전에 들었던 내용을 반복함 **부르기: 자신에게 주의집중하게 하거나 상호작용 지속하기** • 주의를 끌기 위해 이전에 들었던 말을 사용함 • "여기 좀 봐."라는 말을 반복함 **승인: 승인의 표시** • 이전에 들었던 승인의 표현을 사용함 • 동생이 그림을 그리고 있을 때 "정말 잘했어!"라고 함 **지시: 다른 사람의 행위 지시하기** • 이전에 들었던 지시어를 사용함 • "이제 치우자!"라고 말하며 청소 시간을 알림

비상호작용적	**비초점적: 불분명한 의사소통** • 상황에 맞지 않는 말 반복함 • 갑자기 "완전 대박이야!"라고 말함 **상황 관련: 사물, 사람, 상황, 활동에 유발되어 나타남** • 특정 상황에서 자동으로 나타나는 반응 • 비가 오기 시작하면 "우산을 챙겨야지."라고 말함 **자기 지시: 자기 자신의 행위를 조절하기 위해 나타남** 혼자 있을 때 "조용히 해야 해."라고 스스로에게 말함 **시연: 일련의 과정적인 도움** 엄마가 "이렇게 해 보자."라고 말한 후 아동이 같은 말을 하며 그 행동을 따라 함 **명명: 불분명한 의도 없이 사물, 행위를 명명함** 자동차를 보고 계속해서 "자동차"라고 말함

출처: 노은호, 김은경(2010), p. 180.

반향어 지도 방법

자폐스펙트럼장애 아동은 다른 사람과의 관계 형성이 어렵고 상호작용의 동기와 이해가 부족하기 때문에 반향어의 종류와 의사소통의 상황을 잘 파악하여 중재해야 합니다. 반향어 지도의 목표가 화용적 측면의 진전을 의미하므로 기능적인 반향어를 보다 의미 있는 발화로 대체할 수 있도록 도와주는 것이 필요합니다.

반향어 중재 전략

- 자폐아동에게 낯선 환경과 익숙하지 않은 상황은 예측하기 어렵기 때문에 반향어의 산출이 증가하게 되는 원인이 됩니다. 따라서 정서적으로 불안하거나 낯선 환경을 피할 수 있도록 해 주시기 바랍니다.

- 질문을 이해하지 못해 반향어가 나타났을 경우 적절한 대답을 하도록 가르쳐 주시기 바랍니다.

  예 "몰라요."

- 아동의 현재 언어 수준에 맞게 간단히 말해 주는 것이 필요합니다. 만약 아동이 한 낱말에서 세 낱말 정도를 말하는 단계라면 세 낱말에서 네 낱말 정도의 말을 사용해서 표현해 주시기 바랍니다.

  예 "엄마 물" → "엄마 물 주세요."
  "과자 더" → "과자 더 주세요."

- 강요나 부정적인 말 사용을 줄이고 허용적인 말을 사용해야 합니다.

  예 "안 돼! 쓰레기 함부로 버리지 마!" → "여기 휴지가 바닥에 떨어졌네." "우리 함께 주워서 쓰레기통에 넣을까?"

- 아동의 반향어 기능을 이용하여 적절한 언어 표현을 가르쳐 주시기 바랍니다. 예를 들어, "뭐 먹을래?"라고 물었을 때, 아동이 즉각 반향어로 질문을 따라서 말하기 전에 엄마가 먼저 "사과 먹을래요."라고 말해 줌으로써 대답할 수 있도록 가르쳐 주시기 바랍니다.
- 의사소통 기능을 증진하기 위해 적절한 언어 모델을 보여 주는 것이 필요합니다. 예를 들어, '요구하기 기능'을 유도하려면 사탕을 가지고 있는 아빠(엄마)에게 엄마(아빠)가 "사탕 주세요."라고 말하고 사탕을 얻는 모습을 보여 주는 것이 도움이 됩니다.
- 상황에 맞지 않는 반향어를 사용했을 경우 환경을 바꾸거나 상황을 설정하여 반향어의 뜻을 이해시켜 주시기 바랍니다.

• 반향어로 표현된 문장을 바른 문장으로 수정해 주는 것이 필요합니다.

예1 반향된 문장: "너는 밥 먹고 싶어?"(아동이 다른 사람의 질문을 그대로 반복함)

수정된 문장: "나는 밥 먹고 싶어."

예2 반향된 문장: "그거 좋아해?"(아동이 상대방의 질문을 그대로 반복함)

수정된 문장: "나는 그거 좋아해."

Q28 자폐스펙트럼장애와 약물치료

자폐스펙트럼장애(ASD)를 가진 아동, 약물로 치료하는 것이 좋은가요?

A 도전적 행동의 완화를 위해 약물치료가 도움이 되는 경우가 있습니다. 특히 언어치료사를 비롯하여 많은 전문가는 약물치료뿐 아니라 부모 교육과 행동치료가 병행되어야 효과적임을 강조합니다.

약물 치료는 아동의 전반적인 건강과 증상의 심각성을 고려해 전문 의사가 진단하고 결정해야 합니다

자폐스펙트럼장애 아동의 약물치료는 특정 증상이 완치된다기보다 심한 행동문제, 자해행위, 과도한 불안감, 우울증, 반복행동 등의 완화를 위해 약물치료를 고려하며, 부가적 행동을 관리하는 데 도움을 줄 수 있습니다. 약물의 효과는 개인마다 다르며 부작용에 대한 정보는 전문 의사와 긴밀한 상담을 통해 적절한 처방과 용량을 결정하는 것이 중요합니다. 약물의 종류는 다음 〈표 24〉를 참조하시기 바랍니다.

표 24 자폐스펙트럼장애를 위한 약물의 종류

약물	효과
메틸페니데이트 (Methylphenidate)	• ADHD의 치료에 널리 사용되는 약물로 중추신경계 각성제임 • 주의 집중력 향상, 충동성 및 과잉행동을 줄이는 데 도움을 줌 • 흔히 알고 있는 약의 상표인 콘서타, 메타데이트, 메디키넷, 리탈린이 메틸페니데이트에 속함
암페타민 (Amphetamine)	• FDA로부터 성인 및 6세 이상 어린이의 ADHD 1차 치료제로 승인받은 중추신경계 각성제임
아토목세틴 (Atomoxetine)	• 주의력과 집중력을 높이고 충동성과 과잉행동을 감소시키는 종합 치료제의 일환으로 ADHD 아동 및 성인의 주의력과 집중력을 향상하는 데 도움을 줌
리스페리돈 (Risperidone)	• 자폐스펙트럼장애(특히 반복적인 행동, 타인과의 상호작용 어려움, 의사소통 문제)가 있는 아동과 청소년의 행동 문제(공격성, 자해, 갑작스러운 기분 변화 등)를 치료하는 데 사용함
아리피프라졸 (Aripiprazole) (예 아빌리파이)	• 성인, 청소년 및 10세 이상의 양극성 장애 환자의 치료를 위해 단독으로 사용하거나 다른 약물과 함께 사용 가능함 • 우울증을 치료하기 위해 항우울제와 함께 사용되기도 함 • 자폐스펙트럼장애가 있는 6~17세 아동의 과민성 행동(공격성, 짜증, 잦은 기분 변화 등)을 조절하는 데 도움을 줌 • 뚜렛장애가 있는 6~18세 아동의 치료에도 사용 가능함 • 흔히 알고 있는 아빌리파이는 아리피프라졸의 상표 중 하나임

세로토닌 재흡수 억제제 (SSRI)	• 우울증, 불안장애, 강박장애 또는 몇 가지 인격 장애를 치료하는 데 쓰이는 항우울제의 일종임 • 우울 증상이나 과도한 불안감 완화, 강박 증상 완화에 도움을 줌 • 플루오세틴, 파록세틴, 시탈로프람이 세로토닌 재흡수 억제제에 속함
멜라토닌 (Melatonin)	• 자폐스펙트럼장애의 수면 문제에 도움을 줌 • 사람의 수면-각성 리듬과 일상적, 계절적 생체리듬을 조절하여 자연적인 수면을 유도하는 작용을 함

PART 5
학교 문제 관련

큰 나무는 가느다란 가지에서 자라나고,
10층 탑도 작은 벽돌을 하나씩 쌓아 올리는 데에서 시작된다.

- 노자

Q29 지능과 언어발달의 연관성

지능이 낮은 것이 언어발달과 연관이 있나요? 내년에 학교에 가는데 어떻게 해야 할까요?

A **지능(인지)과 언어발달은 상호 밀접한 관련이 있기에 아동의 현재 지적 능력과 언어능력을 촉진하기 위한 전략이 필요합니다.**

지적(인지) 능력과 언어는 상호 밀접한 관련이 있습니다

인지와 언어능력에 관한 연구 중에서 현재 가장 설득력 있는 이론은 인지와 언어가 독립적인 관계가 아니라 상호작용하며, 일정한 시기에는 인지능력이 언어능력을 주도하다가 시간이 지나면서 언어능력이 인지능력을 주도하게 된다는 것입니다.

아동이 자기 생각을 표현하거나 타인의 생각을 이해하려면 현재 보유한 어휘를 활용하여 상황에 맞게 표현하고 이해할 수 있어야 하는데, 이때 필요한 것이 바로 다양한 정보를 효과적으로 처리하는 인지능력입니다. 따라서 지능이 낮은 아동은 새로운 문제를 해결하는데 어려움을 겪을 수 있으며, 말과 글을 통한 의사소통에 필요한 언어능력이 부족할 수 있습니다.

지능이 낮은 아동의 언어적·인지적 특성

1 언어적 특성

지능이 낮은 아동의 언어발달은 정상발달 경로와 유사하지만, 언어 습득이 지연될 수 있으며, 다음과 같은 언어적 특성을 보이게 됩니다.

- 느린 어휘 성장
- 낱말의 고정적 의미 사용
- 단순한 문장 사용
- 일관성 있는 이야기 구성의 어려움
- 읽기 및 독해 능력의 느린 발달
- 글쓰기 능력의 느린 발달

2 인지적 특성

지능이 낮은 아동은 정보처리에서 일반 또래와 다를 수 있습니다. 특히 학령기에 필요한 주의력, 기억력(특히 작업기억), 변별력 및 조직화 등에서 차이를 보이게 됩니다.

- 주의를 집중해야 하는 자극을 탐지하고 선택하는 데 어려움을 보임
- 새로운 정보를 변별하고 필요한 정보를 기존 정보와 비교하는 데 어려움을 보임
- 정보를 저장하고 인출하는 조직화 전략 사용에서 어려움을 보임
- 시각보다 청각적 정보처리에 어려움을 보임
- 특히 단기기억에서 차이가 날 수 있음

예 새로운 낱말을 학습할 때 단기기억 용량의 문제로 낱말을 회상하는 데 어려움을 보임

지능이 낮은 아동을 돕기 위한 촉진 전략

지능이 낮은 아동의 언어 및 인지 발달을 돕기 위한 전략은 다음 〈표 25〉와 같습니다.

표 25 언어 및 인지 발달을 돕기 위한 촉진 전략

주의력	• 시각적 또는 청각적 단서를 사용하여 돕는다. • 중요한 정보를 강조하기 위해 몸짓을 사용하여 청각적 메시지를 보완할 수 있다. • 단서는 점진적으로 소거해야 한다. • 관련 단서를 충분히 탐색하도록 한다.
변별력	• 변별을 도울 수 있는 유사점과 차이점을 강조하고 설명한다. • 실제 사물을 활용한 '의미 있는' 분류하기 활동이 도움이 될 수 있다(모양, 크기, 기능에 관련된 분류하기 활동).
조직화	• 정보를 좀 더 쉽게 처리하고 저장하기 위해 '사전-조직화' 전략을 활용하도록 한다. • 시각적, 청각적 단서들이 도움이 될 수 있다. • 연상전략을 훈련한다. • 동시적이고 연속적인 처리를 돕기 위해 중요한 정보를 반복하는 것과 같은 단기기억 과제를 사용한다(반복과 설명이 도움이 됨).
기억	• 모방과 같은 반복 연습 전략을 훈련한다. 점진적으로 좀 더 상징적인 반복 연습 과제로 이동한다. • 과잉학습과 많은 예를 제공한다. • 새로운 낱말의 학습을 위한 연상훈련은 낱말의 회상능력을 향상한다. 문장과 담화 연상 또한 회상능력을 향상한다. • 기억해야 할 중요한 정보를 강조하여 선택적 주의력을 향상한다. • 청각적 기억력을 향상하기 위해 시각적 기억력을 활용한다.

일반화	• 훈련 상황은 일반화 맥락과 유사하거나 동일해야 한다. 훈련 시 적어도 초기에는 실제 항목(예 실물)을 사용한다. • 훈련과 일반화 맥락이 다른 경우에는 상황 간의 유사성을 강조한다. 아동이 유사성을 회상할 수 있도록 돕는다. • 새로운 과제를 접했을 때 아동이 이전 과제를 회상하도록 돕는다. • 아동이 일상적으로 마주하는 사람들을 훈련에 참여시킨다.

출처: 김영태 외(2016), Owens (2014).

Q30 학교배치: 일반학교 통합반 vs 특수학교

Q 30-1. 지금 일반학교 통합반인데 학교 다니길 거부해요. 특수학교로 옮기는 것이 더 좋을까요?

Q 30-2. 자폐아인데 일반학급으로 가야 하나요? 특수반으로 가야 하나요?

A 학교 또는 학급 배정은 다양한 요인을 고려해야 하기에 매우 어려운 결정입니다. 이 질문에 답하기 전에 우선적으로 일반학교(일반학급), 특수학교, 통합반(통합학급)에 대한 개념을 이해하는 것이 도움이 될 것입니다.

「장애인 등에 대한 특수교육법」(국가법령정보센터, 2024)은 일반학교, 특수학교, 통합학급을 다음 〈표 26〉과 같이 설명하고 있습니다.

〈표 26〉에서 말하는 제한이라 함은 특수교육에서 사용하는 용어인 '최소제한환경(least restrictive environment)'을 말합니다. 최소제한환경은 장애 아동을 또래, 가정, 지역사회로부터 가능한 한 최소한으로 분리해야 함을 말합니다(이소현, 박은혜, 2011).

- 이 개념을 토대로 아동의 장애 정도와 특성을 고려하여 학교 또는 학급 배치를 결정하는 것이 중요합니다.
- 지원을 통해 인지, 의사소통, 사회성 및 신변 처리 요구를 일반학급에서 적절히 처리할 수 있다면 특수학급 또는 특수학교에

표 26 일반학교, 특수학교, 통합학급의 차이

제한의 정도	구분	내용
낮음 ↑	일반학교	특수교육기관이 아닌 학교로 일반학급과 특수학급이 포함되어 있음
	통합학급	특수교육대상자가 일반학교(일반학급)에서 장애유형 및 장애 정도에 따라 차별을 받지 않고, 또래와 함께 개인의 교육적 요구에 적합한 교육을 받는 것을 말함
	특수학급	특수교육대상자의 통합교육을 실시하기 위해 일반학교에 설치된 학급으로 전일제, 시간제, 특별지도, 순회교육 등의 형태로 제공됨
↓ 높음	특수학교	특수교육대상자에게 유치원, 초등학교, 중학교 또는 고등학교(전공과 포함) 등의 과정을 교육함

배치하는 것이 부적절할 수 있습니다.

- 일반학교 안에 개설된 특수학급에서 성공적으로 기능할 수 있는 아동의 경우에는 특수학교보다 특수학급에 배치하는 것이 적절합니다.
- 장애의 정도가 심한 경우에는 특수학교에 배치하는 것이 적절합니다.

최소제한환경을 결정하는 5가지 지침은 다음과 같습니다(Yell, 1995).

① 모든 아동에게 동일한 기준을 적용하는 것이 아니라 각 아동의 개별적인 요구를 바탕으로 결정해야 한다.

② 아동을 통합 환경에 배치하기 위해 최선의 노력을 해야 하며,

노력을 했음에도 불구하고 실패할 경우에 좀 더 제한적인 환경을 고려해 볼 수 있다.

③ 학교는 아동을 적절한 환경에 배치할 수 있도록 다양한 형태의 배치 옵션을 마련해 놓아야 한다.

④ 최소제한환경을 결정할 때 또래 아동의 권리를 침해하는 일이 없도록 또래 아동도 함께 고려해야 한다.

⑤ 아동이 좀 더 제한적인 환경에 배치될 경우, 학교는 아동이 또래와 가능한 한 최대한으로 통합될 수 있도록 해야 한다.

Q31 초등학교 입학, 유예해야 할까

초등학교 입학을 유예하는 것이 좋은가요? 유예한다면 1년 동안 어떤 치료를 해 줘야 할까요?

A 특별한 문제가 없다면 또래와 함께 입학하기를 권합니다. 또래 공동체에 동질감과 소속감을 느끼고, 자존감 형성에도 도움이 될 수 있습니다.

또래와 함께 입학하는 것을 권장합니다

자녀의 초등학교 입학 전 부모는 아동의 학습준비 부족, 기능수행의 어려움, 기본적인 생활 습관의 어려움 등으로 인해 1년 정도 유예를 고려하게 됩니다. 그러나 아동의 건강에 특별한 문제(발육부진, 질병)가 없다면 유예를 하기보다 또래와 함께 입학하는 것이 좋습니다. 전문가들은 신체적으로나 심리적으로 또래와 같이 입학하여 성장 발전하기를 권합니다. 아동이 제때 입학을 하면 또래와 함께 배우고 경험을 쌓으며 자연스럽게 사회적 행동을 익힐 수 있습니다. 또래 공동체 안에서 연대감과 소속감을 느끼고, 자존감 형성에도 도움이 될 수 있습니다.

특수교육대상자는 특수교육지원센터에 문의해 보시기 바랍니다

특정 사유가 있는 경우에는 입학 유예가 가능합니다.

일반적인 초등학교 취학 유예 신청은 입학 전년도 10월 1일~12월 31일까지 행정복지센터(주민센터)에서 하면 됩니다. 반면에 특수교육대상자의 유예 신청은 특수교육지원센터에 문의(「장애인 등에 대한 특수교육법」 제14조; 국가법령정보센터, 2024)해야 합니다.

입학 유예를 결정할 경우에는 유치원이나 어린이집에 8세임에도 재배치가 가능한지 상의하고, 1년 더 다닐 수 있는지에 관한 사항도 미리 확인할 필요가 있습니다(김선경, 박소현, 송유하, 2023).

입학 전 자기관리 능력을 키워 주는 것이 필요합니다

학교 입학을 유예한 경우 아동 개인의 문제에 맞춰 자기관리 능력을 키워 주시기 바랍니다. 특히 단체 생활에 잘 적응하도록 ① 자조기술(기본적 생활습관)을 훈련하고, ② 주어진 과제를 독립적으로 수행하도록 기능적 수행력을 높이며, ③ 언어를 이해하고 상황에 맞게 사용하는 능력을 향상시키는 데 초점을 두어야 합니다. 구체적인 내용은 다음의 〈표 27〉을 참고하시기 바랍니다.

표 27 자기관리 능력

관리 기술	내 용
자조 기술	• 음식 혼자 먹기 • 양치질 • 화장실 사용과 위생관리 • 옷 입고 벗기 • 실내화 갈아 신기 • 급식 받기와 식사 후 갖다 놓기 • 가방 챙기기 • 착석하기

기능적 수행력	• 학교와 집 찾아가기 • 줄서기와 차례 지키기 • 위험인지 능력(화재경보, 보행신호 인식 등) 기르기 • 물건을 기능에 맞게 사용하기(연필 쥐기, 가위 사용, 우유팩 열기, 빨대 꽂기, 지퍼 올리기, 단추 끼우고 빼기) • 친구에게 물건 빌려 쓰고 돌려주기
언어 · 인지 능력	• 의사소통 능력 기르기(인사하기, 요구하기, 거절하기, 선택하기, 행위 요구하기, 자기 의견 표현하기) • 목소리 조절하여 말하기 • 지시를 이해하고 따르기 • 환경과 상황에 맞는 언어 사용하기 • 친구에게 다가가 말 걸기 • 친구의 말을 들어주고 공감하기 • 어려움에 처하면 도움 요청하기 • 기초적인 한글 읽고 쓰기 • 기초적인 수 읽고 쓰기, 수 개념 익히기 • 기본적인 시간 개념 익히기

PART 6
기타 영역

멈추지 않는 한
얼마나 천천히 가는지는 중요하지 않다.

- 공자

Q32 언어발달지연 아동의 영어유치원

언어지연인데 아이가 영어를 너무 좋아해요. 영어유치원에 가도 괜찮을까요?

A 언어지연을 보이는 아동의 경우, 영어유치원을 보낼 때 아동의 언어발달 상황을 고려하여 보내는 것이 바람직합니다.

아동이 또래보다 전반적으로 발달이 느리고 언어지연을 보인다면?

영어를 좋아하고 흥미를 보이면, **가정에서 놀이나 게임으로 영어에 노출하는 방법이 좋습니다.** 만약 영어유치원이나 놀이 학교를 보내게 된다면 **종일반보다 오전 오후 반으로 나누어 보내거나 짧은 시간 동안만 놀이로 접하는 것이 좋겠습니다.**

2014년 방영된 EBS '언어발달의 수수께끼' 프로그램에서 인용한 연구들에 따르면, 아동이 4세가 될 때까지 모국어에 노출되는 시간은 11,680시간이라고 합니다. 언어지연이 있는 아동은 우리말 습득을 위해 충분한 모국어 노출 시간이 필요합니다. 하지만 모국어에 노출되는 시간보다 영어에 노출되는 시간이 많아지면, 모국어뿐 아니라 영어에서도 지연을 보이게 됩니다. 이는 학령기에 접하게 될 언어 학습을 위해서도 좋지 않습니다.

다음 〈표 28〉은 유아기 조기 영어교육에 대한 연구자들의 찬반론입니다. 내 아이의 우리말 습득 수준이나 의사소통의 질이 어떤지 파악하고 살펴서 영어 학습의 시기와 방법을 결정하는 것이 좋겠습니다.

표 28 조기 영어교육에 대한 찬반론

	근거 내용
찬성론	• 아동은 선천적으로 언어 습득 장치(Language Acquisition Device: LAD)를 가지고 태어나기에 어떤 문화와 환경에서도 그 언어를 습득하여 유창하게 말하고 알아들을 수 있다. 특히 2~6세는 언어 습득의 결정적 시기이므로 조기 영어교육이 중요하다. • 유아기 외국어 학습이 성인의 외국어 학습에 비해 유리하며, 성인이 되면 습득하기 어려운 발음을 미리 습득할 수 있다. • 영어를 배우는 경험을 통해 언어를 학습하는 능력을 발달시켜 모국어 발달을 촉진한다.
반대론	• 교육적, 심리적 입장에서 조기 영어교육은 모국어 발달에 지장을 초래하여 언어 지연을 가져올 수 있다. • 제한된 어휘 사용, 비정상적인 어순, 말더듬 현상을 가져올 수 있다. • 조기 영어교육의 필요성과 의의는 인정할 수 있지만, 현실적인 상황에서 볼 때 우리나라는 제2 언어로 영어를 습득하는 ESL (English as a Second Language) 환경이므로 모국어처럼 영어를 습득하기 어려운 환경이다.

출처: 이유진, 이규림, 이정아(2014).

Q33 밖에만 나가면 말을 하지 않는 아이: 선택적 함구증

집에서는 말을 잘하는데 밖에 나가거나 친구를 만나면 얼음이 되어 말을 하지 않아요. 어떻게 해야 하나요?

A 아동이 가정에서는 말을 잘하는데 밖에 나가거나 다른 사람 앞에서는 말을 하지 않는다면 선택적 함구증인지 확인해 볼 필요가 있습니다.

선택적 함구증의 진단적 특징(DSM-5)

선택적 함구증을 겪는 아동은 가정에서 부모나 형제와 자유롭게 말을 하지만 친구나 조부모, 사촌과 같은 다른 사람들 앞에서는 말을 하지 않는 경우가 많습니다. 또한 학교에서도 말하는 것을 회피함으로써 선생님이 아동의 말하기와 읽기 수준을 평가하기 어렵기에 학업에 지장을 가져올 수 있습니다. 선택적 함구증의 진단 기준은 〈표 29〉와 같습니다.

표 29 DSM-5의 선택적 함구증(Selective Mutism) 진단 기준

A	다른 상황에서는 말을 할 수 있음에도 불구하고 특정 사회적 상황(예 학교)에서 일관되게 말을 하지 않는다.
B	장애가 학습이나 직업상의 성취 혹은 사회적 소통을 방해한다.
C	이러한 증상이 최소 1개월 이상 지속된다. (학교생활의 첫 1개월에만 국한되지 않는 경우)

D	사회적 상황에서 필요한 말에 대한 지식이 부족하거나 언어가 익숙하지 않은 것으로 인해 말을 하지 않는 것이 아니다.
E	장애가 의사소통 장애(예 아동기 발병 유창성장애)로 더 잘 설명되지 않고, 자폐스펙트럼장애, 조현병 또는 다른 정신병적 장애 경과 중에만 발생되지 않는다.

출처: 권준수 외(2015), p. 206.

선택적 함구증의 부수적 특징

선택적 함구증을 지닌 사람들은 종종 과도한 수줍음, 사회적 상황에서의 두려움, 고립감 및 소극적 태도, 들러붙기, 강박적 특성, 기질적 분노발작, 남을 통제하려거나 반항하는 행동을 보일 수 있습니다.

증상이 개선되지 않으면 심리센터나 소아정신의학과에 방문하여 반드시 전문가의 진단을 받으시기 바랍니다

말을 거의 하지 않거나 단순히 수줍어서 말수가 적은 것을 넘어설 때는 주의가 필요합니다. 함구증의 기간이 길어질수록 아동의 사회성 및 언어발달이 지연될 수 있습니다.

함구증일 경우 다음과 같은 단계로 중재가 이루어집니다 (Paul, 2007, p. 135)

1단계: 언어치료사는 일대일 상황에서 아동의 반응을 이끕니다.

예 쓰기, 제스처, 머리 끄덕이기, 그림, 마임과 같은 비구어적 수단의 표현을 허용합니다.

2단계: 말하는 것이 얼마나 어려운 것인가를 아동과 논의합니다. 말을 한다는 것이 때로는 쉽지만 때로는 어렵다고 말해 주면서 아동이 주의 깊게 듣도록 합니다. 이러한 논의에 참여할 때 비구어적 수단을 사용하도록 허용합니다.

3단계: 과제를 완성한 후 부모 사인을 받아 다시 가져와야 하는 의사소통 "숙제" 카드를 제공합니다. 처음에는 아동이 쉽게 할 수 있는 과제를 내주다가 점차적으로 더 어려운 과제를 내줍니다.

예 집에서 엄마와 말하기 → 전화로 친척과 말하기

4단계: 아동으로 하여금 언어치료사에게 들려줄 음성 녹음을 만들게 합니다. 처음에는 아동이 부모와 함께 부르는 노래를 녹음할 수도 있고, 이후에는 메시지 전하기, 읽기 또는 이야기하기 등의 과제를 녹음할 수도 있습니다.

5단계: 아동으로 하여금 언어치료사와 의사소통하기 위해 속삭이거나 소리 내지 않고 입만 움직여 말하거나, 손 인형을 이용해 보도록 격려합니다. 이들 활동을 하면서 아동과 눈 맞춤을 증가시킵니다.

예 아동이 '10까지 세기'나 '색깔 이름 대기'와 같은 단순한 언어 표현을 하도록 합니다.

6단계: 장난감 피리를 불거나 동물 소리, 기침 등과 같은 다양한 소리를 내도록 촉진합니다. 치료사는 아동이 좀 더 크게 속삭이거나 발성을 하도록 요청합니다.

7단계: 아동과 치료사가 서로를 보지 않고 상대의 말을 다시 표현하는 형태의 장벽게임을 활용합니다.

8단계: 아동이 좋아하는 게임을 선택하고 게임의 규칙을 치료사에게 설명하도록 합니다.

9단계: 다른 사람의 방해가 없는 편안한 상황에서 아동의 심리치료사, 친구 또는 교사와 5, 6, 7, 8단계를 반복합니다.

10단계: 아동이 집단이나 교실에서 부드러운 목소리로 말을 하도록 격려합니다. 처음에는 손을 들거나 비구어적으로 참여하고, 메모 등을 사용하는 것에 대해 보상합니다. '속삭이기' '부드러운 목소리로 말하기', 보통 때의 '완전한 목소리로 말하기' 등으로 형성해 나갑니다.

Q34 언어치료와 놀이치료의 차이점

언어치료와 놀이치료의 차이가 뭔가요? 제가 보기에는 둘 다 노는 것 같은데 그냥 집에서 놀아 주면 좋아질까요?

A 일반인들이 보기에는 언뜻 언어치료와 놀이치료가 놀이를 활용하기 때문에 비슷해 보일 수 있습니다. 그러나 이 두 치료법은 매우 다릅니다.

언어치료와 놀이치료는 치료의 목표와 중재 방법이 다릅니다

언어치료와 놀이치료는 모두 아동의 발달과 행동에 영향을 미치는 중요한 치료 방법이지만, 치료 목적과 방법에 차이가 있습니다(〈표 30〉 참고).

- **언어치료는** 언어의 형식, 내용, 사용 측면에서 다른 사람과 적절히 의사소통하도록 돕는 중재 영역입니다. 예를 들어, 연령에 맞는 언어를 구사하고 있는지, 유창하게 말하는지, 발음이 정확한지, 어휘력이 충분한지, 또는 읽고 쓰기가 적절한지 등을 선별하고 평가하여 치료를 진행합니다.
- 놀이치료는 아동이 선호하는 방식인 놀이를 활용하여 발달이나 적응에서 어려움을 보이는 아동에게 자기표현과 문제 해결 능력을 향상하고 대인관계 형성에 도움을 주는 심리치료의 한 영역입니다.

표 30 언어치료와 놀이치료의 비교

치료 영역	치료 방법	공통점
언어치료	아동의 흥미를 유발하고 언어의 이해 및 표현의 기회를 제공하기 위한 하나의 수단으로 놀이를 사용함	어린 아동의 경우 놀이를 통한 수업이 진행됨
놀이치료	놀이 상황을 통해 아동의 심리 및 내면의 부정적인 감정을 확인하고 스트레스를 해소할 수 있도록 언어를 수단으로 사용함	

언어발달이 늦는 경우 전문가의 치료와 가정에서의 놀이가 모두 필요합니다

언어발달이 느린 아동에게는 전문가의 치료와 가정에서의 놀이가 모두 중요한 역할을 합니다.

전문가의 치료는 현재 아동의 언어 수준을 정확히 평가하고, 강점과 약점을 파악하여, 체계적이고 구체적인 목표를 세워 아동의 언어발달을 촉진합니다.

반면에 가정은 아동에게 다양한 언어 경험을 제공할 수 있는 편안하고 자연스러운 환경입니다. 부모와의 놀이는 아동이 일상생활 속에서 의사소통 능력을 향상할 수 있는 가장 유용한 수단입니다.

만약 아동이 6개월에서 1년 이상의 언어 지연이 나타난다면, 반드시 전문가의 상담이 필요합니다. 전문가의 치료 및 상담과 함께 가정에서 아동에게 적극적으로 의사소통할 기회를 제공하여, 아동의 언어발달을 종합적으로 지원하는 것이 중요합니다.

Q35 언어치료 종결 시기

언어치료 언제까지 받아야 하나요?

A 치료의 종결과 진행 기간은 개인의 능력이나 상황, 치료 영역 및 횟수에 따라 달라질 수 있습니다.

언어치료의 시작부터 종결까지의 일반적인 과정은 다음 [그림 16]과 같습니다.

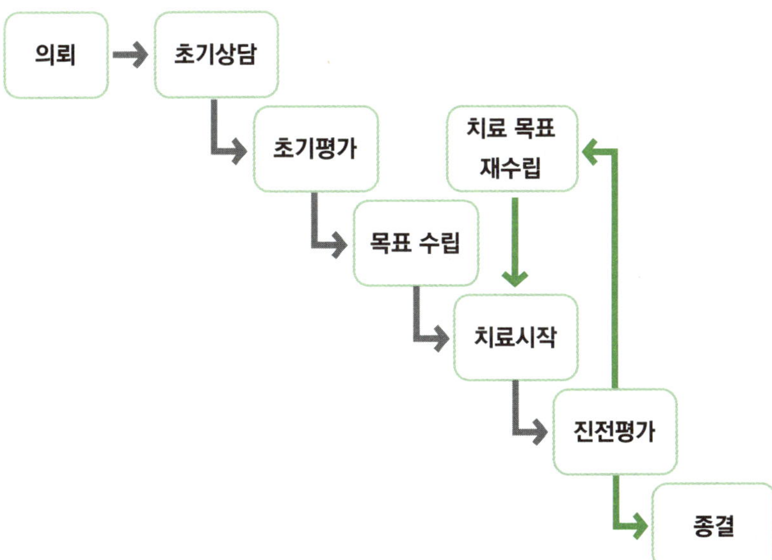

그림 16 언어치료 과정

언어치료가 시작되면 아동의 현행 수준을 고려하여 치료 목표를 수립한 후 일정 기간 치료를 진행하게 됩니다. 진전평가의 시기는 아동의 목표 달성 및 치료 횟수에 따라 다르나 일반적으로 1년에 한 번 정도 진행합니다. 진전평가는 초기 평가에서 사용했던 공식적인 검사를 통한 객관적 수치와 언어치료사의 주관적 평가를 통한 치료 전/후 비교 및 목표 달성 정도를 측정하게 됩니다. 진전평가에서 정상 범주에 속하거나 치료 목표의 일반화가 이루어졌을 경우 보호자와 치료 종결 시기를 논의합니다.

치료 영역 및 아동의 장애 유형에 따라 정상 범주에 속하더라도 일정 기간 치료 지속을 권유할 수 있습니다

- 전반적인 언어발달 수준은 또래와 비슷하나 화용 언어 능력이 부족한 경우, 개별 치료가 아닌 그룹 치료를 권유할 수 있습니다. 화용 언어의 경우 객관적으로 평가할 수 있는 검사도구가 제한적이기에 언어치료사는 질적인 평가를 통해 의사결정을 하게 됩니다.
- 말소리(조음)나 유창성(말더듬)장애의 경우 객관적 평가에서 정상 범주에 속하더라도 일반화가 부족한 경우 일정 기간 치료 지속을 권할 수 있습니다. 특히 유창성 치료의 경우에는 바로 종결하지 않고 격주에 한 번, 1개월에 한 번, 3개월에 한 번 간격으로 치료실 방문 간격을 늘리며 지속적인 추적관찰을 하는 것이 일반적입니다.

Q36 청각적 주의력이 낮은 아동

청각 주의력이 낮은 것 같다고 하는데 집에서 해 줄 활동지나 책이 있을까요?

A 청각적 주의력은 듣기 이해와 밀접한 관련이 있습니다. 이는 주의를 기울여 듣고 이해하는 능력으로 언어발달에 있어 특히 중요한 능력 중 하나입니다.

청각적 주의력을 향상하기 위해 가정에서 할 수 있는 활동의 예는 다음과 같습니다.

청각적 주의력 향상을 위한 활동

1 문장 듣고 따라 말하기

2~3어절의 문장 수준에서 시작하여 점점 더 긴 문장을 듣고 따라 말하는 연습을 할 수 있습니다. 집에 있는 책을 활용하여 문장을 선택해 연습해 보시기를 바랍니다.

2 가라사대 게임

지시어 앞에 "가라사대"를 붙이면 수행하고, 붙이지 않으면 수행하지 않는 게임을 해 보세요. 예를 들어, "가라사대 토마토를 꺼내세요." "수박을 꺼내세요."와 같이 지시할 수 있습니다. 소꿉놀이와 같은 사물을 활용할 수도 있고, 색칠하기나 스티커 붙이기 등의 자료를 활용할 수도 있습니다.

문장 듣고 따라 말하기 활동과 마찬가지로 정확도가 올라가면 점차 지시어의 길이를 늘이고 내용도 복잡하게 구성해 볼 수 있습니다.

예 "가라사대 검은색 단추 두 개를 눈사람 눈에 붙이세요." "가라사대 빨간색 말고 노란색으로 장갑을 색칠하세요."

비슷한 종류의 게임

- 청기백기 게임
- 코코코코 게임

3 특정 낱말이 나오면 책상을 두드리거나, 손뼉치기 혹은 손들기

노래, 짧은 이야기, 시 등을 이용할 수 있습니다.

예 "지금부터 이야기를 들려줄 건데 곰이라는 낱말이 들릴 때마다 손뼉을 쳐 봐!" 아동이 어떻게 해야 할지 어려워하면 한두 번 정도 보호자와 함께 연습해 보세요.

4 Guess Who?(누구일까요?) 보드게임 활용하기

사람의 특징을 설명하여 맞추는 게임입니다. 아동과 보호자가 각각 한 개의 보드를 놓고 번갈아 가며 설명을 합니다. 상대가 설명하는 사람의 특징을 잘 듣고, 누구인지 이름을 말합니다. 비슷한 생김새를 가진 사람이 있으므로 상대방의 말에 주의를 기울이지 않으면 맞추기 어렵습니다.

Q37 미디어 매체가 언어발달에 미치는 영향

미디어 매체가 언어발달에 부정적인 영향을 미치나요? 영유아기 아동의 경우 스마트폰이나 TV를 다 끊어야 하는 걸까요?

A 영유아기에 장시간 미디어를 시청하거나 너무 이른 시기의 미디어 노출은 언어발달에 부정적 영향을 미칩니다. 한편 보육과 교육을 위한 미디어 콘텐츠는 효과성이 높은 측면이 있으므로 부모와 함께 시청하기를 권합니다.

미디어 과노출은 언어와 뇌 발달에 부정적 영향을 미칩니다

과거에 비해 영유아의 미디어 사용 연령이 갈수록 하향화되고 있습니다. 이에 세계보건기구와 미국소아과학회는 영유아기 미디어 이용에 관해 다음과 같은 가이드라인을 제시하고 있습니다.

- **세계보건기구(WHO, 2019)**

12개월 이하 영아에게 미디어 시청을 권장하지 않으며, 3~4세 아동은 1시간 미만으로 미디어 사용 시간을 제한할 것을 권고합니다.

- **미국소아과학회(AAP, 2016)**

18개월 미만 영유아의 미디어 시청을 권장하지 않으며, 2~5세 아동은 1시간 미만으로 미디어 사용 시간을 제한할 것을 권고합니다. 조민수 등(2017)에 의하면, 언어발달 지연 아동의 미디어 시청은 하루

2시간 이상으로 나타났으며, 24개월 이전에 이미 미디어에 노출된 경우가 많았습니다. 장시간의 미디어 노출과 이른 미디어 노출이 언어발달을 지연시킬 수 있는 위험 요인임을 알 수 있습니다.

- 이윤경 등(2018)은 미디어 노출 시간이 길수록 유아의 언어발달에 부정적이며, 그러한 부정적인 영향은 5세 집단보다 3~4세 집단에서 더 크게 나타난다고 하였습니다. 미디어 매체를 유형별로 살펴보았을 때, 스마트폰 노출 시간이 유아의 언어발달에 가장 부정적인 영향을 미쳤고, 다음으로는 TV가 뒤를 이었습니다. 뇌가 급속도로 발달하는 영유아기에 환경과의 접촉을 통해 신경회로가 연결되고 다양한 자극을 받아야 하는데 미디어 과몰입은 대뇌 발달에도 부정적 영향을 미치게 됩니다.

뇌 신경망은 생후 초기 4년 동안 가장 활발하게 형성되므로 이 시기 다양한 감각망을 이용한 경험과 사람과의 상호작용을 통해 뇌 신경망이 형성되고 확장되도록 노력을 기울여야 합니다.

언어발달의 핵심은 양방향 상호작용입니다.

초기 언어 습득 시기에 이루어지는 아동과 양육자의 양방향 상호작용은 매우 중요합니다. 일방적인 미디어 시청은 의사소통의 핵심인 말 차례 주고받기(turn-taking) 패턴을 구조화하지 못하여 영유아의 언어발달을 저해하게 됩니다. 의사소통이란 서로 간에 의견을 교환하는 개념입니다. 상대의 말을 듣고 그에 반응하는 양방향 상호작용을 어릴 때부터 자연스럽게 익혀야 의사소통 능력이 향상됩니다. 미디어 이용 시간이 길어질수록 다양한 언어 경험을 할 기회가 줄어들게 됩니다. 2세 이하의 유아가 1시간 동안 TV를 시청한다면 52분

동안 부모와 소통할 수 있는 시간을 놓치는 것이며 하루의 약 10% 정도 창조적인 놀이를 못 하게 되는 것이라고 합니다(Brown, 2011).

조민수 등(2017)은 '미디어 노출이 언어발달에 미치는 영향'에 대해 알아보고자 병원 소아청소년과 외래에 언어발달 지연을 주 문제로 내원한 평균 33개월 아동 40명과, 같은 기간 다른 질환으로 내원한 정상 언어발달 아동 66명을 대조군으로 하여 미디어 관련 설문을 통해 두 집단을 비교하였습니다. 연구 결과에 따르면 〈표 31〉과 같이 언어지연 아동은 대조군에 비해 미디어 노출 시기가 빨랐고, 시청 시간이 길었으며, 부모의 지도 없이 혼자 시청하는 형태를 보였습니다.

표 31 미디어 노출에 관한 두 집단 비교

집단 유형	미디어 노출 시기 24개월 이전	2시간 이상 미디어 시청	혼자 시청
언어발달 지연집단	90%	63%	79%
언어발달 정상집단	58%	16%	41%

부모의 시청지도와 관심이 필요합니다

미디어를 모두 끊을 수는 없습니다. 보육과 교육을 위한 질 높은 미디어 콘텐츠는 효과성이 높은 측면이 있기 때문입니다. 그런데 교육적 콘텐츠를 이용하는 비율은 상대적으로 낮고, 유튜브를 통해 장난감 소개 및 놀이 동영상 등을 보는 비율이 높은 것으로 보고되고 있습니다. 또한 부모 없이 영유아 혼자 미디어를 시청하는 것은 언어발달에 부정적 영향을 미치는 것으로 나타났습니다(조민수 외, 2017).

아동이 영상물을 보는 동안 가사를 처리하거나 휴식을 취하고 공공장소에서 조용함을 유지하기 위해 자녀를 미디어에 장시간 노출하는 경우가 있습니다. 언어발달이 취약한 아동에게 미디어 과노출은 특히 신중할 필요가 있습니다. 영유아기는 미디어를 사용할 때 부모의 관심과 지도가 중요하며 아동과 언어적 상호작용을 충분히 해 주는 것이 바람직합니다.

미디어 노출을 줄이는 방법

- 자녀의 방에 TV를 두지 않는 것이 좋으며 자녀와 함께 이용규칙 정하기
- 평상시 TV를 덮개로 덮어 두거나 미디어가 눈에 띄지 않도록 관리하기
- 미디어 기기 대신 선호하는 놀잇감, 책 등을 아동 주위에 놓아 두고 함께 보며 상호작용 기회 만들기
- 부모가 먼저 미디어 사용을 줄이고 즐겁게 대화하는 모습 보여 주기

언어 촉진을 위한 미디어 대안 활동

- 라디오, 오디오로 동화나 노래 듣기, 부모 음성 듣기
- 동요 부르기와 율동하기
- 책 읽어 주고 내용에 관한 대화 나누기
- 옛날이야기 들려주기
- 가족이나 친척들 앞에서 장기 자랑 하기(예 노래, 춤 등)
- 사진첩을 보며 이야기 나누기
- 인형을 모아 놓고 역할 놀이하기/인형에게 이름 지어 주기

- 가족 물건 분류하기
- 가족 물건 숨겨 놓고 찾기 게임
- 가족 양말 제 짝 찾기 놀이
- 플라스틱 통의 뚜껑을 열어 놓은 후 제 뚜껑 찾기
- 가족 물건 나열 후 쓰임새를 말하면 그 물건 찾기(예 "이거는 엄마가 요리할 때 입는 거야.")
- 단순한 가사 활동(예 요리, 청소, 이불 개기) 등에 참여시키기

Q38 언어치료 지원 서비스

발달 재활 바우처와 그 밖의 각 지원 서비스는 어떻게 받아야 하나요?

A 최근 바우처 서비스가 다양해졌습니다. 장애아동의 기능 향상과 행동 발달을 위한 적절한 발달 재활 서비스 및 장애 가족의 역량 강화를 위해 지원되는 서비스를 소개하겠습니다.

다음 〈표 32〉에 제시되어 있는 서비스 외에도 지자체별 지역사회 서비스 투자 사업이 다양하게 진행되고 있으니 각 지자체에 문의해 보시기 바랍니다. 예를 들면, 서울시의 경우 〈영유아발달지원서비스〉 〈장애인 보조기기 렌탈서비스〉 〈아동·청소년 심리지원서비스〉 등을 제공하고 있으며, 경기도의 경우 〈우리가족 통합서비스〉 〈장애인맞춤형운동서비스〉 〈아동비전형성지원서비스〉 등을 제공하고 있습니다.

표 32 바우처 지원 정보

종류	제공 기관	신청 자격	서비스 내용	신청 장소
발달 재활 바우처	보건 복지부	만 18세 미만 장애등록 아동(단, 9세 미만의 경우 장애등록하지 않아도 발달 재활 서비스 의뢰서 및 검사자료로 대체 가능)	언어, 청능, 미술, 음악, 행동, 놀이, 인지, 심리, 감각, 운동 등	행정 복지센터

교육청 바우처 치료/ 방과 후 지원	**교육부**	• 치료지원이 필요한 유치원, 초 · 중 · 고등학교 과정에 재학 중인 특수교육대상자 • 장애등록하지 않아도 가능	언어, 놀이, 미술, 음악 등(인지치료 불가)	재학 중인 유치원이나 학교(일반학교 학생은 특수교육지원센터)
우리 아이 심리 지원	**보건 복지부 지역 사회 서비스**	ADHD, 정서적 문제, 사회성 결여, 발달장애 경계, 반항 · 품행장애 · 비행 등 종합 심리검사를 통해 문제가 있다고 파악된 만 18세 이하 아동	언어, 놀이, 미술, 음악, 인지 등(감통, 운동 영역 치료 불가)	행정 복지센터(지자체별 운영 여부, 신청 시기 다름)
드림 스타트	**보건 복지부 지역 사회 서비스**	• 만 12세 이하 취약계층 아동 및 가족, 임산부(기초생활수급자, 차상위계층) • 사회적 위기를 겪고 있는 아동의 건강, 영양, 교육, 문화, 복지 등의 맞춤형 통합서비스 제공 • 지역 자원과 연계한 맞춤형 서비스	신체 · 건강, 인지 · 언어, 정서 · 행동, 부모 · 가족 서비스	• 행정 복지센터 • 각지역드림스타트센터 • 보건복지부 상담센터 129 • 대상자 선정: 가정방문 초기상담

언어 발달 지원	보건 복지부	만 12세 미만 비장애아동(한쪽 부모 및 조손가정의 한쪽 조부모가 시각 · 청각 · 언어 · 지적 · 자폐성 · 뇌병변 등록장애인)	언어발달진단, 언어 · 청능, 언어재활 서비스, 독서지도, 수어지도 등	행정 복지센터
발달 장애인 부모 상담 지원	보건 복지부	• 「장애인복지법」상 지적 · 자폐성 장애인으로 등록된 자녀의 부모 및 보호자 • 자녀가 영유아(만 6세 미만)의 경우 장애등록이 되어 있지 않은 경우	• 발달장애인 부모에게 심리 · 정서적 상담 서비스 • 우울감, 부정적 심리상태 완화, 가족 기능 향상 도모	행정 복지센터

Q39 주당 언어치료 횟수

병원에서 언어치료를 많이 하라고 하는데 적어도 일주일에 몇 회 정도 해야 하나요?

A 자녀의 언어발달이 느리고 병원에서 언어치료를 많이 하라고 했다면 언어치료 횟수를 늘릴 필요가 있습니다.

언어치료 횟수는 개인의 상황과 필요에 따라 다를 수 있습니다

개개인의 상황과 필요에 따라 원하는 횟수가 다르고 치료사의 언어평가에 따른 장단기 목표에 따라 치료 횟수는 달라질 수 있습니다. 최화련(2020)에 의하면 학부모가 응답한 언어치료의 빈도수는 주 2회가 가장 많았고, 언어치료 기관을 선택하는 기준으로는 치료사의 자격이나 전공을 고려하는 것으로 나타났습니다. **효과적인 방법은 하루에 많은 시간을 몰아서 긴 시간 치료하는 것보다 여러 날에 걸쳐 자주하는 것이 좋습니다.**

가장 중요한 것은 일관성입니다.

언어치료 전문가들이 권장하는 언어치료를 위한 적정한 회기는 주 3회입니다. 주 3회 언어치료를 받고 가정에서 부모가 아동과 적극적으로 상호작용하며 촉진적 언어 환경을 만들어 줄 때 예후가 좋은 것으로 알려져 있습니다.

언어를 배우는 황금시간을 놓치지 않으려면 주 1회 오랜 기간 치료를 받는 것보다 주 3회 집중적으로 치료를 받는 것이 좀 더 적절할 수 있습니다.

또한 치료실을 다니는 것도 중요하지만 치료시간을 잘 지키고 일관성 있게 치료를 받는 것이 더 중요하며 그러한 꾸준함 속에서 아동은 안정감을 느끼고 긍정적인 성과를 이뤄 낼 것입니다.

종결을 앞두고 일반화를 위해 치료 횟수를 줄이는 방법도 있습니다

언어치료를 시작하면 치료사는 장단기 목표를 세우고 중재를 이행하게 됩니다. 주 1회의 치료는 아동의 언어치료 중재 목표를 일관되게 유지해 나가는 데 어려움이 있습니다. 주 2, 3회의 치료는 중재 목표를 향한 발전 속도가 확실히 빠릅니다. 새로운 어휘를 습득할 때, 작업기억 측면을 고려하는 것도 필요합니다. 배운 내용이 단기기억에서 장기기억으로 전환되려면 배운 것을 반복하고 조직화하는 시간이 필요하므로 주 2, 3회가 적당합니다. 주 1회 치료를 할 경우 한 번을 결석하면 보름 정도 언어치료를 쉬게 됩니다. 따라서 주 1회 치료를 진행한다면 결석을 하지 않는 것이 중요합니다. 한편 주 2, 3회 치료를 진행하다가 종결을 앞두고 일반화를 위해 서서히 치료 횟수를 줄여 나가는 방법도 있습니다.

부록
용어 정리

01 자폐스펙트럼장애 (Autism Spectrum Disorder: ASD)

자폐스펙트럼장애는 DSM-5(American Psychiatric Association, 2013)에 의하면 발달기에 증상이 나타나는 신경발달장애 중 하나입니다. 자폐스펙트럼장애의 주된 임상적 특징은 사회적 의사소통 및 상호작용 측면에서 지속적인 결함을 보이며, 제한적이고 반복적인 행동이나 흥미를 보이는 것입니다.

아동이 점진적으로 발달을 하며 이러한 양상들이 표면적으로 드러나지 않을 수 있기에 현재의 양상뿐 아니라 과거력을 종합하여 진단하게 됩니다.

임상 현장에서는 전문가의 분야에 따라 자폐범주성장애, 자폐성장애, 자폐장애, 자폐증으로 지칭하기도 합니다. 보호자의 경우 자폐, ASD, 자스 등 줄임말로 용어를 축약해서 사용하는 경우도 있습니다.

DSM-5로 개정되기 전, DSM-Ⅳ-TR(American Psychiatric Assocciation, 2000)에서는 전반적 발달장애(Pervasive Developmental Disorder: PDD)라는 진단명을 사용하였으며, PDD의 하위 영역에 5가지 장애군이 속해 있었습니다. 이 중 자폐장애, 아스퍼거장애(Asperger Disorder), 달리 분류되지 않는 전반적 발달장애(Pervasive Developmental Disorder - Not Otherwise Specified: PDD-NOS)가 현재의 자폐스펙트럼장애에 속하는 진단명이며, 진단 시기에 따라 위 용어들을 사용하기도 합니다.

앞에서 열거한 용어들이 모두 자폐스펙트럼장애를 의미하는 용어이며, 현재는 이전의 진단명들이 '자폐스펙트럼장애(ASD)'라는 하나의 용어로 통칭되고 있다는 것을 기억하는 것이 중요합니다.

DSM-5(American Psychiatric Association, 2013)에서 제시하는 자폐스펙트럼장애의 구체적인 진단 기준은 Q26에 소개되어 있으니 참고하시기 바랍니다.

02 주의력결핍 과잉행동장애(Attention-Deficit/Hyperactivity Disorder: ADHD)

ADHD 또한 신경발달장애에 속하는 진단명으로 부주의, 체계적이지 못한 행동, 과잉행동, 충동성 등이 주된 임상적 특징입니다. ADHD는 아동기에 발병하여 성인기까지 지속되어 사회적/학업적/직업적 기능에 부정적 영향을 끼칠 수 있습니다.

DSM-5에 의하면 ADHD의 진단 기준은 다음과 같습니다(권준수 외, 2015, pp. 61-63).

- **A.** 기능 혹은 발달에 부정적 영향을 미치는 지속적인 부주의 및/또는 과잉행동-충동성이 ① 및/또는 ②의 특징을 가져야 함. ① 부주의와 ② 과잉행동-충동성에 해당하는 9가지 증상 중 6가지 이상이 적어도 6개월 동안 발달 수준에 부적합하며, 사회적·학업적·직업적 기능에 지속적으로 부정적 영향을 미쳐야 하며, 아래 특징들이 단편적으로 보이는 반항의 행동이나 적대감 혹은 과제나 지시를 이해하기 어려워 나타나는 것이 아니어야 함. 청소년 후기나 성인(만 17세 이상)의 경우에는 적어도 5가지 증상을 만족해야 함

① 부주의

a. 종종 세부적 측면에 면밀히 주의를 기울이지 못하거나,

학업, 직업 및/또는 다른 활동에서 부주의한 실수를 보임

b. 종종 과제 및/또는 놀이를 할 때, 지속적으로 주의집중하기 어려움

c. 종종 타인이 직접 말을 할 때 경청하지 않음

d. 종종 지시를 끝까지 수행하지 못하고, 학업 또는 직업 환경에서 맡은 일을 수행하지 못함

e. 종종 과제 및 활동을 체계화하는 데 어려움을 보임

f. 종종 지속적인 노력이 필요한 과제에 참여하는 것을 꺼리거나 피하며, 싫어하거나 저항하는 모습을 보임

g. 과제 혹은 활동에 필요한 물건들을 자주 잃어버림

h. 종종 외부 자극으로부터 쉽게 산만해지는 모습을 보임

i. 일상적인 활동을 종종 잊어버림

② 과잉행동-충동성

a. 손발을 만지작거리며 가만히 있지 못하거나 의자에 앉아서도 몸을 움직이는 모습을 종종 보임

b. 앉아 있어야 하는 교실이나 그 외 상황에서 종종 자리를 이탈함

c. 지나치게 뛰어다니거나 높은 곳에 기어오르려고 하는 모습을 종종 보임

d. 종종 조용히 여가 활동에 참여하거나 놀기 어려워하는 모습을 보임

e. '끊임없이 활동하거나' 마치 '태엽이 풀린 자동차처럼' 행동하는 모습을 종종 보임

f. 지나치게 수다스럽게 말하는 모습을 종종 보임

g. 상대의 질문이 끝나기 전에 대답하려는 모습을 종종 보임

h. 자신의 차례를 기다리지 못하는 모습을 종종 보임

i. 종종 타인의 활동을 방해하거나 침해하는 모습을 보임

- **B.** 이러한 부주의 또는 과잉행동-충동성의 증상이 12세 이전에 출현해야 함
- **C.** 이러한 부주의 또는 과잉행동-충동성의 증상이 적어도 두 가지 혹은 그 이상의 환경에서 나타나야 함
- **D.** 이러한 증상으로 인해 사회적·학업적·직업적 기능을 하는 데 방해를 받거나 이들 기능이 감소한다는 명확한 증거가 있어야 함
- **E.** 증상이 다른 질병으로부터 더 잘 설명되지 않아야 함

03 말늦은 아동(Late Talkers: LT)

김영태(2014)에 의하면 '말이 늦다'라는 것은 또래보다 표현하는 어휘 수가 적다는 것을 의미합니다. 2세까지 50개 미만의 표현어휘밖에 없으며 두 낱말 조합이 아직 나오지 않는 아동을 뜻합니다.

- 규준 검사를 사용할 경우 LT 아동의 언어능력은 표현 언어발달이 또래와 비교하여 10%ile 미만이나 −1SD 미만으로 현저한 지체를 나타냅니다.
- 다른 발달영역에서는 뚜렷한 결함을 보이지 않습니다.
- 3세 이전(혹은 3세 전반까지)의 아동을 판별기준으로 삼고 있습니다.

4세가 넘어서도 계속 언어발달의 지연을 보이면 '언어발달지체' 혹은 '단순언어장애(Specific Language Impairment: SLI)'로 판정합니다. 반면 4세 정도에 또래와 비슷한 수준의 표현어휘력을 보이면 '늦게 말이 트인 아동(Late Bloomer)' 혹은 '정상 수준으로 회복한 아동(Resolved Late Talkers: RLT)'이라고 합니다.

말늦은 아동이 말을 하게 될지에 대한 강력한 예후요인은 다음과 같습니다

- **LT 아동의 예후요인**

① 수용언어 능력

② 언어이전기에 산출한 소리의 질적인 측면(옹알이, 첫 낱말 사용)

③ 무발화 시기에 보이는 사회적 상호작용의 양과 특성

④ 가족 중 언어장애 유무(부모, 조부, 형제자매)

⑤ 비언어성 인지능력

⑥ 작업기억력과 같은 기초언어처리 능력

말늦은 아동을 언어장애 위험군으로 생각하는 이유는 이들이 학령기에 이르렀을 때 20~70%가 단순언어장애로 발전한다는 연구들이 있기 때문입니다.

말늦은 아동과 단순언어장애 아동이 공통적으로 어려움을 보이는 요소는 다음과 같습니다

① 수용어휘력

② 기초적인 언어처리 능력 · 청지각력, 낱말 회상력, 구어적 작업기억력, 동작 계획, 음운변별력, 문법학습력 · 언어처리 속도, 작업기억력, 내적 학습

04 단순언어장애(Specific Language Impairment: SLI)

단순언어장애는 언어 이외에 특별히 다른 데서 원인을 찾을 수는 없으나 표현언어 또는 수용언어에서 일반아동의 언어발달과 유의한 차이를 보이는 유아 및 학령기 아동을 말합니다. SLI 아동은 정상적인 청력과 지능을 갖고 있으며, 뇌전증이나 뇌손상 같은 명백한 신경학적 장애나 운동 또는 감각장애를 보이지 않습니다(Justice & Redle, 2013).

SLI 판별기준은 다음과 같습니다

- 공식 언어 검사에서 최소한 −1.25 SD 이하로 정상보다 지체된 언어 능력을 보임
- 비언어성 지능(기억력, 주의력)이 정상 범주임(IQ 85 이상)
- 청력 정상, 진단 시 중이염 없음
- 뇌전증이나 뇌성마비와 같은 뇌손상 및 신경학적 이상 없음
- 말 산출과 관련된 구강구조나 기능에 이상 없음
- 사회적 상호작용 능력에 심각한 이상이나 장애 없음

SLI는 언어발달에만 문제를 보이는 아동을 말합니다. 그러므로 지적장애나 자폐스펙트럼장애, 뇌성마비, 청각장애 등과 같이 아동기에 관찰되는 발달장애로 인한 언어이해나 표현에 문제를 보이는 아동은 SLI라고 하지 않습니다(김영태, 2014).

다음 <표 33>은 SLI 아동의 언어 특성을 보여 줍니다

표 33 SLI 아동의 언어 특성

영역	내용
의미	• 초기 낱말 산출의 지체: 생후 2세가 되어서야 첫 낱말 산출 • 어휘 발달 지체: 2년 정도 지체된 시작, 일단 낱말을 이해하기 시작한 이후부터 일반아동과 유사한 습득 속도와 패턴을 보임 • 낱말 찾기의 문제: 머뭇거림, 에둘러 표현하기, 모호한 표현을 함 • 의미관계 낱말 산출 제한: 일반아동 18개월 전후 낱말 조합, SLI 아동 37개월경에 낱말 조합 시작 • 빠른 의미연결(Fast Mapping)이 어려움 • 동사 습득의 어려움
구문·형태	• 구문 산출 지연: 일반아동에 비해 느려서 약 3세경에 구문 산출 • 평균 발화길이 지연(2세 차이): 일반아동 3세경에 3.5의 평균 발화길이, SLI 아동 5세경 되어서야 3.5의 평균 발화길이 보임(나중에는 또래 집단의 발달속도와 발달패턴 유사) • 구문 확장의 어려움: 구문을 다양하게 확장해서 사용하는 능력 부족 • 구문 이해의 어려움(능동태, 수동태 이해) 예 엄마가 아기를 업는다(능동태), 아기가 엄마에게 업힌다(수동태) • 형태소 습득 및 산출, 사용의 어려움: 과거형 형태소 사용 어려움. 조동사, 동사의 어미 활용과 대명사 사용 등의 어려움 • 문법형태소 이해 및 오류를 인지하는 데에도 어려움을 보임

음운 작업기억	• 표현 능력의 지체로 말소리 습득이 지연되거나 오류 음운 형태가 더 오래 나타남 • 말소리 습득 순서나 표현되는 음운변동의 유형은 생활연령이 낮은 아동과 유사한 특성 보임 • 음운처리와 관련된 음운 작업기억의 어려움: 청각적으로 제시된 음운정보를 음운적 표상으로 부호화할 수 있는 능력의 결함 • 비단어 따라 하기 과제에서 또래보다 낮은 수행력(예 느배, 버구디, 토보가이, 조매누버리)
화용 · 담화	• 언어 표현의 제한으로 낱말 대신 제스처를 사용하는 경우가 있으나, 의사소통 기능면에서는 일반아동과 특별한 차이를 보이지 않음 • 대화 시 적극적인 태도를 보임 • 화용 능력의 결함으로 또래와의 상호작용이 유의하게 적음 • 발화수정 전략 및 명료화 요구하기 능력의 제한 • 전제(presupposition) 기능, 참조적(referential) 기능 사용의 어려움으로 대화를 효율적으로 진행하지 못함 ※ 전제 기능: 상대와 상황에 대한 고려, 필요한 배경이 무엇인지 아는 능력 (예 (아이가 하교 후 집에 와서 엄마에게) "삼촌 어디 있어?" 삼촌이 시골에서 올라와 우리 집에 있다는 전제가 있음) ※ 참조적 기능: 특정 참조물에 대한 정보를 타인과 주고받는 것 (예 어제 우리가 갔던 그 동산으로 산책 갈까요?)

출처: 김영태(2014).

05 말소리장애 (Speech Sound Disorder: SSD)

말소리장애라는 용어는 조음장애라는 진단명이 DSM-5(American Psychiatric Association, 2013)에서 개정된 것입니다. 임상 현장에서는 전문가에 따라 조음장애, 조음음운장애, 말소리장애, 구음장애 등으로 혼용되어 사용되고 있습니다. 해당 용어들은 음운적 지식에 어려움을 겪는 아동이나 말소리(조음)에 어려움을 동반하는 아동들에게 사용되는 명칭임을 기억하시기 바랍니다.

DSM-5에서 정의하는 말소리 장애의 진단기준은 다음과 같습니다(권준수 외, 2015, p. 44)

- A. 말소리를 생성하는 것에 지속적인 어려움을 보이며, 이로 인해 말 명료도가 저하되거나 언어적 의사소통에 어려움을 보임
- B. 말소리 장애로 인해 효과적인 의사소통에 제한을 받아 사회적 참여, 학업적 성취 및/또는 직업적 수행에 방해를 받음
- C. 이러한 증상이 초기 발달기에 시작됨
- D. 이러한 증상이 뇌성마비, 구개열, 청력 손실, 외상성 뇌손상이나 다른 질환으로 인한 것이 아니어야 함

06 경계성 지능(느린 학습자)

경계성 지능은 자폐 및 발달장애를 동반하지 않으며 지능검사 결과 대략 IQ 70~85 사이의 아동을 말합니다.

경계성 지능 아동의 특성은 다음 〈표 34〉와 같습니다.

표 34 경계성 지능 아동의 특성

발달 단계	특성
초기 발달기	• 말이 늦음 • 언어 표현이 짧고 단순하며 문법적인 측면에서도 제한적 • 반복적이고 익숙한 일상생활에서는 의사소통에 지장을 초래하지 않음
유치원 시기	• 상황 판단이나 대처 능력이 부족하여 자기 생각을 적절히 표현하거나 방어하지 못하는 경우가 많음 • 또래 관계 형성에 어려움을 보임
학령기	• 학습에 수동적인 태도를 보이며 개념을 이해하고 적용하는 부분에서 어려움을 보임 • 문제를 해결하기 위해 계획, 조직, 실행하는 체계적인 사고 능력에서 제한적임

출처: 정희정, 이재연(2005).

07 지적장애(Intellectual Disabilities)

진단적 특징

DSM-5(American Psychiatric Association, 2013)에 의하면, 지적장애는 발달 시기에 나타나며 개념적·사회적·실행적 영역에서 지적 기능과 적응 기능 모두에 결함이 있는 상태를 말합니다. 지적장애의 진단 기준은 다음 〈표 35〉와 같이 3가지 기준을 충족해야 합니다.

표 35 DSM-5의 지적장애(Intellectual Disabilities) 진단기준

A	임상적 평가와 개별적으로 실시한 표준화 지능 검사로 확인된 지적 기능(추론, 문제 해결, 추상적 사고, 판단, 학업, 경험 학습)의 결함이 있음
B	적응 기능의 결함으로 인해 독립성과 사회적 책임 의식에 필요한 발달학적 · 사회문화적 표준을 충족하지 못함. 지속적인 지원 없이는 적응 결함으로 인해 다양한 환경(가정, 학교, 일터, 공동체)에서 한 가지 이상의 일상활동(의사소통, 사회적 참여, 독립적 생활) 기능에 제한을 받음
C	지적 결함과 적응 기능의 결함은 발달 시기 동안 시작됨

출처: 권준수 외(2015), p. 33.

진단을 뒷받침하는 부수적 특징

- 의사소통 능력이 부족하여 공격적인 행동을 보일 수 있습니다.
- 사회적 상황에서 단순하고 순진한 행동을 보이며, 타인에게 쉽

게 이용당하거나 속는 경우가 많습니다.

- 위험에 대한 인식이 부족하여 의도치 않게 신체적 학대를 받을 가능성이 있습니다.

지적장애의 심각도 수준은 다음 〈표 36〉에서 찾아볼 수 있습니다.

심각도 수준

지적장애의 심각도 수준은 다음 〈표 36〉에서 찾아볼 수 있습니다.

표 36 지적장애의 심각도 수준

심각도 수준 명시	영역별 수준
경도 317 (F70)	**개념적 영역** • 학령전기에는 개념적 영역의 차이가 뚜렷이 나타나지 않을 수 있다. • 학령기 아동과 성인기에는 읽기, 쓰기, 계산, 시간이나 돈에 대한 개념과 같은 학업 기술을 배우는 데 어려움이 있다. • 연령에 적합한 기능을 하기 위해서는 하나 이상의 영역에서 도움이 필요하다. **사회적 영역** • 전형적인 발달을 보이는 또래에 비해 사회적 상호작용이 미숙하다. • 나이에 적합한 방식으로 감정이나 행동을 조절하는 데 어려움이 있을 수 있다. 나이에 비해 사회적 판단이 미숙하여, 타인에게 속거나 조정당할 위험이 있다. **실행적 영역** • 자기관리는 나이에 적합하게 수행할 수 있다. • 복잡한 일상생활 영역에서는 또래에 비추어 약간의 도움이 필요하다.

<table>
<tr><td></td><td>• 성인은 장보기, 교통수단 이용하기, 가사 및 아이 돌보기, 금전 관리와 같은 영역에서의 도움이 필요하다.</td></tr>
<tr><td>중등도
381.0
(F71)</td><td>개념적 영역
• 전 발달영역에 걸쳐 개념적 기술이 또래보다 현저히 뒤진다. 학령전기에는 언어와 학습 준비 기술이 느리게 발달한다.
• 학령기에는 읽기, 쓰기, 수학, 시간과 돈에 대한 이해에서 발달이 느리고, 또래에 비추어 매우 제한적인 능력을 보인다.
• 성인기에도 학업 기술은 초등학생 수준에 머무르며 개인 생활이나 직업에서 학업 기술을 사용하기 위해서는 도움이 필요하다.

사회적 영역
• 전 발달과정에 걸쳐 사회적 행동과 의사소통 행동에서 또래들과 확연한 차이를 보인다. 표현언어가 사회적 의사소통의 주요 수단이지만 단어나 문장이 또래에 비해 단조롭다.
• 가족과 친구와 유대 관계를 맺으며, 성공적으로 우정을 나눌 수도 있고 성인기에 연애를 할 수도 있다. 그러나 사회적 신호를 정확하게 감지하거나 해석하지 못할 수도 있다.

실행적 영역
• 식사, 옷 입기, 배설, 위생관리는 가능하나, 이러한 영역을 독립적으로 수행하기 위해서는 장기간에 걸친 교육과 시간이 필요하다. 극히 일부에서는 부적응적인 행동을 보이며 사회적 문제를 야기하기도 한다.</td></tr>
</table>

고도 381.1 (F72)	**개념적 영역** • 개념적 기술을 제한적으로 습득할 수 있다. • 글이나 수, 양, 시간, 금전에 대한 개념 이해가 거의 없다. **사회적 영역** • 말 표현 시 어휘나 문법에 상당한 제한이 있다. • 한 단어나 구로 말을 하거나 다른 보완적 방법으로 내용을 보충하게 된다. • 말이나 의사소통은 현재의 일상생활에 관한 내용에 치중되어 있다. **실행적 영역** • 식사, 옷 입기, 목욕, 배설과 같은 일상생활 영역 전반에 대한 지원과 감독이 항시 필요하다. 자신이나 타인의 안녕에 대한 책임 있는 결정을 내릴 수 없다.
최고도 381.2 (F73)	**개념적 영역** • 자기관리, 작업, 여가를 위해 목표 지향적 방식으로 사물을 이용할 수 있다. 짝맞추기, 분류하기와 같은 단순한 시각-공간적 기능을 습득할 수도 있으나 동반된 운동, 감각 손상이 사물의 기능적 사용을 방해할 수 있다. **사회적 영역** • 말이나 몸짓의 상징적 의사소통에 대한 이해가 매우 제한적이다. 일부 간단한 지시나 몸짓을 이해할 수 있다. 자신의 욕구나 감정은 주로 비언어적, 비상징적 의사소통 방식을 통해 표현한다. **실행적 영역** • 일부 일상 활동에는 참여할 수도 있으나, 일상적인 신체 관리, 건강, 안전의 전 영역에 걸쳐 타인에게 의존적인 생활을 하게 된다.

출처: 권준수 외(2015), pp. 33-35.

08 DSM-5(Diagnostic and Statistical Manual of Mental Disorders-5)

DSM-5는 미국정신의학회(American Psychiatric Association: APA)에서 발행한 정신질환의 진단 및 분류 기준서로, DSM 시리즈의 다섯 번째 개정판입니다. 이 기준서는 정신질환을 정확하게 진단하고 치료하기 위한 실용적이고 기능적인 지침을 제공합니다. 진단기준은 명확하고 간결하며, 다양한 임상 환경(입원 환자, 외래 환자, 자문 정신의학, 일차 의료 등)에서 증상의 발현을 쉽게 평가할 수 있도록 설계되었습니다.

DSM-5는 세계보건기구(World Health Organization)의 국제질병분류(International Classification of Diseases: ICD)와 조화를 이루며, 질환을 정의하고 분류하는 데 ICD의 진단명과 번호를 사용합니다. 이 기준서는 ICD-9-CM과 ICD-10-CM(2014년 채택)의 부호를 모두 포함하여 관련 질환을 표시합니다. 또한 DSM-5는 정신질환을 단일 범주로 제한하지 않고, 다양한 진단 범주를 포함하여 특정 영역에서 공통으로 나타나는 취약성을 반영합니다. 이 개정판은 발달상의 쟁점을 제시하고, 유전학 및 뇌영상 연구의 최신 과학적 발견을 통합합니다. 특히 주목할 만한 변화로는 아스퍼거장애, 자폐장애, 전반적인 발달장애를 자폐스펙트럼장애로 통합하여 증상과 진단의 범위를 넓혔습니다.

DSM-5에서는 다음과 같은 범주에서 정신장애를 진단하고 분류하며 이 책에서 주로 다루는 영역은 신경발달장애와 관련이 있습니다(권준수 외, 2015).

- 신경발달장애
- 조현병 스펙트럼 및 기타 정신병적 장애
- 양극성 및 관련 장애
- 우울장애
- 불안장애
- 강박 및 관련 장애
- 외상 및 스트레스 관련 장애
- 해리장애
- 신체증상 및 관련 장애
- 급식 및 섭식장애
- 배설 장애
- 수면/각성 장애
- 성기능부전
- 성별불쾌감
- 파괴적, 충동조절 및 품행장애
- 물질관련 및 중독장애
- 신경인지장애
- 성격장애
- 변태성욕장애
- 기타 정신질환
- 약물로 유발된 운동 장애 및 기타 약물치료의 기타 부작용
- 임상적 주의의 초점이 될 수 있는 기타의 상태

추천 도서

영역	책 제목	저자 및 역자
자폐 스펙트럼	독특해도 괜찮아	배리 프리전트 · 톰 필즈메이어 공저 김세영 역
	어느 자폐인 이야기	템플 그랜딘 저 박경희 역
	나는 그림으로 생각한다	템플 그랜딘 저 홍한별 역
	엄마라고 불러줘서 고마워	스기모토 미카 저 황혜숙 역
	자폐아는 특별한 재능이 있다	유현경 저
	자폐 아들과 아빠의 작은 승리	이봉 루아 저 김현아 역
	자폐의 거의 모든 역사	존 돈반 · 캐런 주커 공저 강병철 역
	패턴 시커(The Pattern Seekers)	사이먼 배런코언 저 강병철 역
	마음맹 (Mind Blindness)	사이먼 배런코언 저 김혜리 · 이현진 공역
언어발달	우리 아이 언어치료 부모 가이드	펀 서스먼 저 이로미 · 조아라 · 박혜원 공역
	말이 늦은 아이를 위한 부모 가이드	일레인 와이츠먼 저 박혜원 역

청각	청각장애 아이의 부모로 산다는 것	오드리 레비트르 저 그레고리 마이외 그림 김현아 역
	마서즈 비니어드 섬 사람들은 수화로 말한다	노라 엘렌 그로스 저 박승희 역
감각통합	감각통합 Q&A	Reiko Tsuchida, Takahiro Ishii, Takemi Okamoto 공저 김경미, 노종수, 최현애 공역
심리정서	스킨십의 심리학	필리스 데이비스 저 한주연 역
	필링 굿(feeling good)	데이비드 번즈 저 차익종, 이미옥 공역
ADHD	ADHD 우리 아이 어떻게 키워야 할까	신윤미 저
경계성 지능	경계선 지능을 가진 아이들	박찬선, 장세희 공저
	케이크를 자르지 못하는 아이들	미야구치 코지 저 부윤아 역
	느린 학습자의 공부	박찬선 저
신경	아내를 모자로 착각한 남자	올리버 색스 저 조석현 역

추천 영화

영역	제목	감독
난독	지상의 별처럼	아미르 칸, 아몰 굽테
	원트 백 다운(Won't Back Down)	다니엘 반즈
자폐 스펙트럼	레인 맨(Rain Man)	배리 레빈슨
	그녀에게	이상철
	증인	이한
	말아톤	정윤철
	그것만이 내 세상	최성현
	내 이름은 칸	카란 조하르
청각	나는 보리	김진유
	목소리의 형태	야마다 나오코
	코다	션 헤이더
	집으로	이정향
시각	두 개의 빛: 릴루미노	허진호
	블랙(Black)	산제이 릴라 반살리
시각·청각	내겐 너무 소중한 너	이창원, 권성모
지적 장애	나의 특별한 형제	육상효
	포레스트 검프(Forrest Gump)	로버트 저메키스
	아이 엠 샘(I am Sam)	제시 넬슨

틱장애	프론트 오브 더 클래스(Front of the Class)	피터 워너
안면 기형	원더(Wonder)	스티븐 크보스키
근위축 · 뇌성 마비	사랑에 대한 모든 것	제임스 마쉬
	땡큐, 대디 (Thank you Daddy)	닐스 타베니어
	나의 왼발	짐 쉐리단
말더듬	킹스 스피치(The King's Speech)	톰 후퍼

참고문헌

경기도 교육청(2019). 경기도교육청 난독증 학생 지원 조례.

교육부(2015). 2015 유치원 교육과정.

국가법령정보센터(2024). 장애인 등에 대한 특수교육법[시행 2025. 2. 28.]. https://law.go.kr/법령/장애인등에대한특수교육법

국립 어린이 청소년 도서관(2024). https://www.nlcy.go.kr

권도하, 김시영, 김효정, 박진원, 신명선, 안종복, 장현진, 전희숙, 정훈(2012). **유창성 장애**. 학지사.

권준수, 김재진, 남궁기, 박원명, 신민섭, 유범희, 윤진산, 이상익, 이승환, 이영식, 이현정, 임효덕 역(2015). **DSM-5 정신질환의 진단 및 통계 편람**. 학지사.

김경양, 한선경, 박은혜(2015). 통합학급에서 협력적 AAC지원이 발달장애 학생의 수업참여도 및 또래 상호작용에 미치는 효과에 관한 사례연구. **자폐성장애연구, 15**(1), 19-44.

김민정(2021). **임상중심 말소리장애**. 학지사.

김선경, 박소연, 송유하(2023). **초등학교 입학준비 Q&A: 발달이 느린 아이를 위한 학교생활 안내서**. 에이스북.

김영태(2014). **아동언어장애의 진단 및 치료**(2판). 학지사.

김영태, 신문자(2004). 우리말 조음-음운평가. 인싸이트.

김영태, 이윤경, 정부자, 홍경훈 역(2016). **언어 장애: 기능적 평가 및 중재**. 시그마프레스.

노은호, 김은경(2010). 통합상황에서 강화된 환경중심 언어중재가 자폐 아동의 자발화와 반향어에 미치는 효과. **한국보육학회지, 10**(1), 169-193.

박시연(2015). 유아의 한글 읽기에서 통글자 및 낱글자 지도 효과의 비교. 고신

대학교 대학원 박사학위논문.

박진이, 김민진(2010). 만 3·4·5세 유아의 존댓말 습득에 관한 연구. **아동학회지, 31**(6), 153-166.

박현주, 이은주, 표화영, 한진순 역(2013). **임상근거기반 의사소통장애**. 시그마프레스.

배희숙(2021). **언어발달**(2판). 학지사.

보건복지부 홈페이지(2023). 발달재활 바우처 사업정보. https://www.mohw.go.kr

서은영(2023). 학령전기 말소리 산출 능력에 따른 학령기(초등학교 1~4학년) 활동, 참여 발달 차이. *Communication Sciences & Disorders, 28*(4), 749-760.

신문자, 이성은(2002). 한국 유창성장애의 유전적 요인에 관한 연구. *Communication Sciences and Disorders, 7*(1), 155-166.

심현섭, 신문자, 이은주, 이경재 역(2013). **유창성장애**. 센게이지러닝코리아.

안성우, 허민정, 김유, 김미경(2011). 4세~7세 유아의 음운인식능력 발달 특성에 대한 대규모 집단 연구. **언어치료연구, 20**(3), 121-141.

오은영(2023). 요즘 육아 금쪽같은 내 새끼 146회 금쪽이의 언어특징. 채널 A.

윤혜련(2023). **사회-의사소통 능력(화용) 촉진을 위한 소그룹 언어치료개관**. 한국언어치료학회 교육자료.

이소현, 박은혜(2011). **특수아동교육**(3판). 학지사.

이수복, 박혜연, 심현섭(2019). 말더듬아동 종단연구에 관한 문헌연구. *Communication Sciences and Disorders, 24*(2), 490-506.

이승환(2005). **유창성장애**. 시그마프레스.

이유진, 이규림, 이정아(2014). **유아기 영어교육의 적절성에 관한 연구**. 육아정책연구소.

이윤경, 신윤미, 최지은, 유희정, 박은진(2018). 영유아 시기의 미디어 기기 노출이 이후 언어발달에 미치는 영향: 코호트 연구. *Communication Sciences and Disorders, 23*(3), 549–559.

이현진, 권은경 역(2016). **언어발달**(5판). 박학사.

이희영(2016). 동화 읽기와 이야기 나누기가 언어발달지체 유아의 어휘력 향상에 미치는 효과 비교. 공주대학교 교육대학원 석사학위논문.

장수은(2022). 말더듬의 신경기반에 관한 최근 연구. 2022 한국언어청각임상학회 학술대회 자료집, 43–57.

정희정, 이재연(2005). 경계성지능 아동의 인지적, 행동적 특성. **아동복지연구, 3**(3), 109–124.

조민수, 최세린, 김경미, 이윤영, 김성구(2017). 미디어 노출이 언어발달에 미치는 영향. **대한소아신경학회지, 25**(1), 34–38.

최화련(2020). 언어치료서비스를 이용하는 장애아 부모의 언어치료 경험 만족도에 관한 연구: 경남 지역을 중심으로. 대구한의대학교 보건복지대학원 석사학위논문.

한국난독증협회(2024). **난독증 부모용 가이드**. http://www.kdyslexia.org/page/s08

한국학습장애학회(2015). 난독증 선별 검사. 김윤옥, 강옥려, 우정한, 변찬석 공저. 난독증 선별 체크리스트 표준화 및 한국 난독증 학생 통계추정 연구. **학습장애연구, 12**(1), 21–45.

EBS 언어발달의 수수께끼 제작팀(2014). **언어발달의 수수께끼**. 지식너머.

AAP(2016). *American academy of pediatrics announces new recommendations for children's media use*. https://publications.aap.org/pediatrics/article/138/5/e20162591/60503/Media-and-Young-Minds.

American Psychiatric Association. (2000). *Diagnostic and statistical manual of mental disorders*(4th ed.) *Text Revision(DSM-IV-TR)*. American Psychiatric Association.

American Psychiatric Association. (2013). *Diagnostic and statistical manual of mental disorders*(5th ed.). 권준수, 김재진, 남궁기, 박원명, 신민섭, 유범희, 윤진산, 이상익, 이승환, 이영식, 이현정, 임효덕 역(2015). **DSM-5 정신질환의 진단 및 통계 편람**. 학지사.

Beukelman, D. R., & Light, J. C.(2020). *Augmentative and alternative communication: Supporting children and adults with complex communication needs* (5th ed.). Paul H. Brookes.

Brown, A. (2011). Media use by children younger than 2 years. *Pediatrics*, 128, 1040-1045.

Chall, J. (1983). *Stage of reading development.* McGraw-Hill.

Gernand, K. L., & Moran, M. J. (2007). Phonological awareness abilities of 6-year-old children with mild to moderate phonological impairments. *Communication Disorders Quarterly, 28*(4), 206-215.

Grice, H. P. (1989). *Studies in the way of words.* Havard University Press.

Hoff, E. (2013). *Language development*(5th ed.). 이현진, 권은경 역(2016). **언어발달**(5판). 박학사.

Justice, L. M., & Redle, E. E. (2013). *Communication sciences and disorders a clinical evidence-based approach*(3rd ed). 박현주, 이은주, 표화영, 한진순 역(2014). **임상근거기반 의사소통장애**. 시그마프레스.

Manning, W. H.(2009). *Clinical decision making influency disorders*(3rd ed.). 심현섭, 신문자, 이은주, 이경재 역(2013). **유창성장애**. 센게이지러닝코리아.

National Reading Panel (2000). *Report of the national reading panel: Teaching children to read.* https://www.nichd.nih.gov/publications/

pubs/nrp/smallbook.

Owens, R. E. (2014). *Language disorders: A functional approach to assessment and intervention*(6th ed.). 김영태, 이윤경, 정부자, 홍경훈 역 (2016). **언어 장애: 기능적 평가 및 중재**. 시그마프레스.

Park, H. (2020). Parents' experiences and acceptance factors of AAC intervention for children with complex communication needs. *Communication Sciences & Disorders, 25*(2), 318-333.

Park, H. (2021). "I kept questioning it in the first 6th months": The process of AAC acceptance in parents of children with complex communication needs. *Communication Sciences & Disorders, 26*(1), 120-136.

Paul, R. (2007). *Language disorders from infancy through adolescence: Assessment & intervention*(3rd ed.). Mosby.

Van Riper, C. (1982). *The nature of stuttering.* Prentice-Hall.

WHO(2019). *Guidelines on physical activity, sedentary behavior and sleep for children under 5 years of age.* https://www.who.int/publications/i/item/9789241550536

Yairi, E., & Ambrose, N. (2005). *Early childhood stuttering: For clinicians by clinicians.* Pro-Ed.

Yell, M. L. (1995). Least restrictive environments, inclusion, and students with disabilities: A legal analysis. *Journal of Special Education, 28*, 389-404.

찾아보기

ㅁ

ㅂ

ㅅ

ㅊ

ㅌ

ㅍ

ㅎ

저자와의 소통 창구

이 책을 읽으면서 언어치료와 관련해 평소 궁금했던 내용이나 더 알고 싶은 내용, 혹은 이 책에서 다루었으면 하는 부분이 있다면 저자에게 직접 질문을 보내 주시면 감사하겠습니다.

이 책의 저자들은 현장에서 매일 같이 부모님들과 소통하며 상담을 하고 있습니다. 다만 이번 1판의 경우 단기간 수집한 질문으로 책을 구성했기에 놓친 내용이나 미처 다루지 못한 부분이 있을 수 있습니다.

이 책의 2판을 집필할 때는 직접 보내 주신 질문을 바탕으로 저희가 직접 뵙지 못하는 부모님들의 고민에도 도움을 드릴 수 있도록 더욱 알차게 구성해 보도록 하겠습니다.

질문을 가장 많이 보내 주신 분과 책에 포함될 질문으로 선정되신 분에게는 소정의 선물(신간 도서 혹은 기프티콘)을 보내 드리도록 하겠습니다. 전문가와 함께 고민을 나누고 직접 소통하는 기회가 되기를 바랍니다.

질문 보내는 방법

왼쪽의 QR 코드를 휴대전화 카메라로 인식하면 질문을 작성하실 수 있는 링크로 연결됩니다.

QR 코드 인식이 어렵다면
자유로운 양식으로 질문을 작성하여
다음 메일주소로 보내 주세요!
gcbook2024@gmail.com

저자 소개

박현주(Park Hyun Ju)

이화여자대학교 언어병리학과 박사

이화여자대학교 특수교육학과 석사

이화여자대학교 특수교육과 학사

전 이화여자대학교 발달장애아동센터 연구원

현 가천대학교 특수치료학과 교수

가천대학교 통합발달심리센터 센터장

양수빈(Yang Su Vin)

가천대학교 일반대학원 언어병리학 박사 수료

가천대학교 특수치료대학원 언어치료학 석사

부산가톨릭대학교 언어청각치료학과 학사

전 양산부산대학교병원 언어치료사

현 가천대학교 통합발달심리센터 언어치료사

임명순(Im Myung Soon)

가천대학교 일반대학원 언어병리학 박사 수료

가천대학교 특수치료대학원 언어치료학 석사

건국대학교 행정대학원 사회복지학 석사

전 해피존 아동발달센터 원장

현 경인교육대학교 교육전문대학원 특수교육학과 강사

정사영(Jung Sa Young)

가천대학교 일반대학원 언어병리학 박사과정

가천대학교 특수치료대학원 언어치료학 석사

가톨릭대학교 교육대학원 유아교육학 석사

전 국립서울농학교 언어치료사

현 가천대학교 통합발달심리센터 언어치료사

그림

운우(Woon Woo)

부모가 묻고 전문가가 답하는
언어치료 Q&A
Speech and Language Therapy Q&A

2025년 4월 10일 1판 1쇄 인쇄
2025년 4월 15일 1판 1쇄 발행

지은이 • 박현주 · 양수빈 · 임명순 · 정사영
펴낸이 • 김진환
펴낸곳 • (주) 학지사
04031 서울특별시 마포구 양화로 15길 20 마인드월드빌딩
대표전화 • 02)330-5114 팩스 • 02)324-2345
등록번호 • 제313-2006-000265호

홈페이지 • http://www.hakjisa.co.kr
인스타그램 • https://www.instagram.com/hakjisabook

ISBN 978-89-997-3400-7 93370

정가 15,000원